海上絲綢之路基本文獻叢書

皇明馭倭録（一）

〔明〕王士騏 纂

文物出版社

圖書在版編目（CIP）數據

皇明馭倭録．一／（明）王士騏纂．-- 北京：文物出版社，2022.7
（海上絲綢之路基本文獻叢書）
ISBN 978-7-5010-7698-7

Ⅰ．①皇… Ⅱ．①王… Ⅲ．①抗倭鬥争－史料－中國－明代 Ⅳ．①K248.205

中國版本圖書館 CIP 數據核字（2022）第 085169 號

海上絲綢之路基本文獻叢書
皇明馭倭録（一）

纂　　者：〔明〕王士騏
策　　劃：盛世博閱（北京）文化有限責任公司

封面設計：鞏榮彪
責任編輯：劉永海
責任印製：蘇　林

出版發行：文物出版社
社　　址：北京市東城區東直門内北小街 2 號樓
郵　　編：100007
網　　址：http://www.wenwu.com
經　　銷：新華書店
印　　刷：北京旺都印務有限公司
開　　本：787mm×1092mm　1/16
印　　張：13.375
版　　次：2022 年 7 月第 1 版
印　　次：2022 年 7 月第 1 次印刷
書　　號：ISBN 978-7-5010-7698-7
定　　價：90.00 圓

總緒

海上絲綢之路，一般意義上是指從秦漢至鴉片戰争前中國與世界進行政治、經濟、文化交流的海上通道，主要分爲經由黄海、東海的海路最終抵達日本列島及朝鮮半島的東海航綫和以徐聞、合浦、廣州、泉州爲起點通往東南亞及印度洋地區的南海航綫。

在中國古代文獻中，最早、最詳細記載『海上絲綢之路』航綫的是東漢班固的《漢書·地理志》，詳細記載了西漢黄門譯長率領應募者入海『齎黄金雜繒而往』之事，書中所出現的地理記載與東南亞地區相關，并與實際的地理狀況基本相符。

東漢後，中國進入魏晉南北朝長達三百多年的分裂割據時期，絲路上的交往也走向低谷。這一時期的絲路交往，以法顯的西行最爲著名。法顯作爲從陸路西行到印度，再由海路回國的第一人，根據親身經歷所寫的《佛國記》（又稱《法顯傳》）一書，詳細介紹了古代中亞和印度、巴基斯坦、斯里蘭卡等地的歷史及風土人情，是瞭解和研究海陸絲綢之路的珍貴歷史資料。

隨着隋唐的統一，中國經濟重心的南移，中國與西方交通以海路爲主，海上絲綢之路進入大發展時期。廣州成爲唐朝最大的海外貿易中心，朝廷設立市舶司，專門管理海外貿易。唐代著名的地理學家賈耽（七三〇～八〇五年）的《皇華四達記》記載了從廣州通往阿拉伯地區的海上交通『廣州通夷道』，詳述了從廣州港出發，經越南、馬來半島、蘇門答臘半島至印度、錫蘭，直至波斯灣沿岸各國的航綫及沿途地區的方位、名稱、島礁、山川、民俗等。譯經大師義净西行求法，將沿途見聞寫成著作《大唐西域求法高僧傳》，詳細記載了海上絲綢之路的發展變化，是我們瞭解絲綢之路不可多得的第一手資料。

宋代的造船技術和航海技術顯著提高，指南針廣泛應用於航海，中國商船的遠航能力大大提升。北宋徐兢的《宣和奉使高麗圖經》詳細記述了船舶製造、海洋地理和往來航綫，是研究宋代海外交通史、中朝友好關係史、中朝經濟文化交流史的重要文獻。南宋趙汝適《諸蕃志》記載，南海有五十三個國家和地區與南宋通商貿易，形成了通往日本、高麗、東南亞、印度、波斯、阿拉伯等地的『海上絲綢之路』。宋代爲了加强商貿往來，於北宋神宗元豐三年（一〇八〇年）頒佈了中國歷史上第一部海洋貿易管理條例《廣州市舶條法》，并稱爲宋代貿易管理的制度範本。

元朝在經濟上採用重商主義政策，鼓勵海外貿易，中國與歐洲的聯繫與交往非常頻繁，其中馬可·波羅、伊本·白圖泰等歐洲旅行家來到中國，留下了大量的旅行記，記録元代海上絲綢之路的盛况。元代的汪大淵兩次出海，撰寫出《島夷志略》一書，記録了二百多個國名和地名，其中不少首次見於中國著録，涉及的地理範圍東至菲律賓群島，西至非洲。這些都反映了元朝時中西經濟文化交流的豐富内容。

明、清政府先後多次實施海禁政策，海上絲綢之路的貿易逐漸衰落。但是從明永樂三年至明宣德八年的二十八年裏，鄭和率船隊七下西洋，先後到達的國家多達三十多個，在進行經貿交流的同時，也極大地促進了中外文化的交流，這些都詳見於《西洋蕃國志》《星槎勝覽》《瀛涯勝覽》等典籍中。

關於海上絲綢之路的文獻記述，除上述官員、學者、求法或傳教高僧以及旅行者的著作外，自《漢書》之後，歷代正史大都列有《地理志》《四夷傳》《西域傳》《外國傳》《蠻夷傳》《屬國傳》等篇章，加上唐宋以來衆多的典制類文獻、地方史志文獻，集中反映了歷代王朝對於周邊部族、政權以及西方世界的認識，都是關於海上絲綢之路的原始史料性文獻。

海上絲綢之路概念的形成，經歷了一個演變的過程。十九世紀七十年代德國地理學家費迪南·馮·李希霍芬（Ferdinad Von Richthofen，一八三三～一九〇五），在其《中國：親身旅行和研究成果》第三卷中首次把輸出中國絲綢的東西陸路稱爲『絲綢之路』。有『歐洲漢學泰斗』之稱的法國漢學家沙畹（Édouard Chavannes，一八六五～一九一八），在其一九〇三年著作的《西突厥史料》中提出『絲路有海陸兩道』，蘊涵了海上絲綢之路最初提法。迄今發現最早正式提出『海上絲綢之路』一詞的是日本考古學家三杉隆敏，他在一九六七年出版《中國瓷器之旅：探索海上的絲綢之路》中首次使用『海上絲綢之路』一詞；一九七九年三杉隆敏又出版了《海上絲綢之路》一書，其立意和出發點局限在東西方之間的陶瓷貿易與交流史。

二十世紀八十年代以來，在海外交通史研究中，『海上絲綢之路』一詞逐漸成爲中外學術界廣泛接受的概念。根據姚楠等人研究，饒宗頤先生是華人中最早提出『海上絲綢之路』的人，他的《海道之絲路與昆侖舶》正式提出『海上絲路』的稱謂。選堂先生評價海上絲綢之路是外交、貿易和文化交流作用的通道。此後，大陸學者馮蔚然在一九七八年編寫的《航運史話》中，使用『海上絲綢之路』一詞，這是迄今學界查到的中國大陸最早使用『海上絲綢之路』的人，更多地限於航海活動領域的考察。一九八〇年北京大學陳炎教授提出『海上絲綢之路』研究，并於一九八一年發表《略論海上絲綢之路》一文。他對海上絲綢之路的理解超越以往，且帶有濃厚的愛國主義思想。陳炎教授之後，從事研究海上絲綢之路的學者越來越多，尤其沿海港口城市向聯合國申請海上絲綢之路非物質文化遺産活動，將海上絲綢之路研究推向新高潮。另外，國家把建設『絲綢之路經濟帶』和『二十一世紀海上絲綢之路』作爲對外發展方針，將這一學術課題提升爲國家願景的高度，使海上絲綢之路形成超越學術進入政經層面的熱潮。

與海上絲綢之路學的萬千氣象相對應，海上絲綢之路文獻的整理工作仍顯滯後，遠遠跟不上突飛猛進的研究進展。二〇一八年厦門大學、中山大學等單位聯合發起『海上絲綢之路文獻集成』專案，尚在醞釀當中。我們不揣淺陋，深入調查，廣泛搜集，將有關海上絲綢之路的原始史料文獻和研究文獻，分爲風俗物産、雜史筆記、海防海事、典章檔案等六個類别，彙編成《海上絲綢之路歷史文化叢書》，於二〇二〇年影印出版。此輯面市以來，深受各大圖書館及相關研究者好評。爲讓更多的讀者親近古籍文獻，我們遴選出前編中的菁華，彙編成《海上絲綢之路基本文獻叢書》，以單行本影印出版，以饗讀者，以期爲讀者展現出一幅幅中外經濟文化交流的精美畫卷，爲海上絲綢之路的研究提供歷史借鑒，爲『二十一世紀海上絲綢之路』倡議構想的實踐做好歷史的詮釋和注脚，從而達到『以史爲鑒』『古爲今用』的目的。

凡例

一、本編注重史料的珍稀性，從《海上絲綢之路歷史文化叢書》中遴選出菁華，擬出版百册單行本。

二、本編所選之文獻，其編纂的年代下限至一九四九年。

三、本編排序無嚴格定式，所選之文獻篇幅以二百餘頁爲宜，以便讀者閱讀使用。

四、本編所選文獻，每種前皆注明版本、著者。

五、本編文獻皆爲影印，原始文本掃描之後經過修復處理，仍存原式，少數文獻由於原始底本欠佳，略有模糊之處，不影響閱讀使用。

六、本編原始底本非一時一地之出版物，原書裝幀、開本多有不同，本書彙編之後，統一爲十六開右翻本。

目録

皇明馭倭録（一） 序至卷四 〔明〕王士騏 纂 明萬曆刻本……一

皇明馭倭録（一）

皇明馭倭録（一）

序至卷四

〔明〕王士騏　纂

明萬曆刻本

吸造次間未暇深考舊事也既余病
免歸而廷議益譁主欵主戰各堅其
説卒汗漫不可收拾以至於今余竊
兩疑焉會駕部冏伯王子手輯一編
示余曰
明皇禦倭録余令兒子荘誦而伏聽之喟
然曰嗟乎嗟乎此
高皇帝之所以屈群力也觀其首諭朝鮮

次諭倭遣使遣僧謞〻乎若憫其鬬紛而憂其危〻者是不惟愛我無愛朝鮮且無愛倭蓋愛倭所以愛朝鮮也愛朝鮮所以愛我也即沿海時寇掠不過隨入隨禦而已增防設戍而已却其貢而已敕使悔過而已怵以大兵且至而已終無有遺矢〻簇于三韓之境説者曰

高皇帝度不可勝倭而權忍之夫
高皇帝已全勝天下獨難倭哉盖天下之
勢有不可勝以待勝者有可勝而不
必勝者有日勝而日負者以我而就
倭求勝萬里征繕動彌歲年此日勝
日負之道也洋洋
聖謨以天澤定衣冠以河海游鱗介虞干
周譯兩用若環揔之外而不內以

祖訓中擯倭初指為綱而稍經緯之未見
有堅決如近議者
列聖相承大都縻之不必款絕之不必戰
謹銜勒寬鞭箠重與倭以逆名迨嘉
靖中海備日弛倭乃得挾奸民誘導
飛棹舞槊于吳粵三省間者十餘年
我兵盖騷然奔命晚而息肩以殲倭
報成功則東南半壁且甌脫矣夫是

固
高皇帝一使片紙之任也而今之議者好
侈言胡中丞之力戰以律近事夫中
丞固先議撫〻變而戰〻乃在緣海
内境彼来而我應之非我求敵當時
猶得不補喪息肩之難如此況於今
涉海萬里外索款索戰而不必應者
哉難不已更甚乎昔者駕部嘗戒心

于倭矣毀家饗士勃然有乘風破浪
之思茲倭氛彌熾而駕部獨閉門却
掃而成是書駕部寧藺然自悔其雄
心將善易者不言易乎若曰今日方
高皇帝時戶口加多甲乘加競可滅此朝
食無用此呴濡兩可爲者夫
高皇帝真不能勝乎抑有不必勝者矣
光祿大夫太子太保吏部尚書兼建

極殿大學士王錫爵序

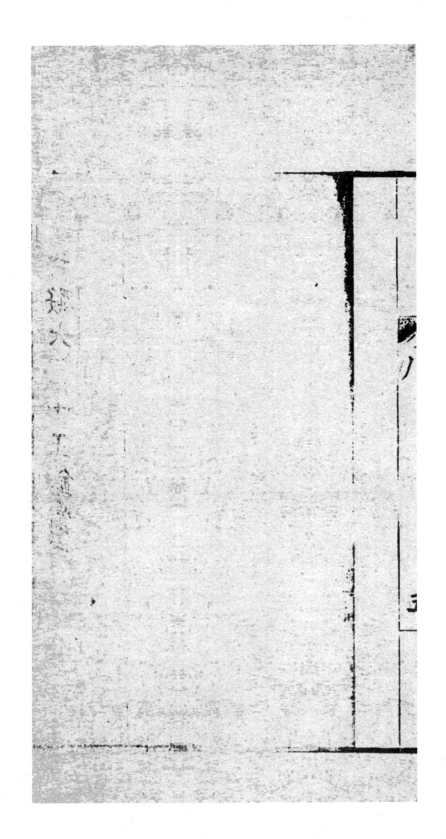

皇明馭倭録小序

紀倭事者有薛浚之考畧有王文光之補遺而鄭若曾之籌海圖編加詳焉臣不佞讀之而嘆其用意之勤也已稍稍參以國史始恨事畧者百不得一而一且失真士大夫不考于先朝之故事而動以野史爲証則所誤多矣乃就國史中一一拈出自高皇帝以至穆廟列爲編年諜之鉅公題曰

皇明馭倭錄蓋列
聖之詔旨諸臣之章奏公私創華之始末中外戰守之機宜悉在焉神而明之可以酌
祖訓可以定
廟謨可以廣朝士之見可以正野史之謬雖臚列故事而或與今日東征事機頗相發明述而不作非僭也或謂此書非奉
敕撰者稱臣可乎曰吾學編之稱里也不若憲章錄遊稱臣也竊比于從下而已矣
兵部車駕清吏司主事王士騏謹序

皇明馭倭録卷之一

兵部車駕清吏司主事臣王士騏纂

洪武二年

正月乙卯遣使以即位詔諭日本占城爪哇西洋諸國

二月丙寅遣阿思蘭楊完者不花鄧邦富牛成陳節等持詔諭雲南日本等國阿思蘭等俱賜冠帶衣服

二月辛未遣吳用顔宗魯楊載等使占城日本等國賜日本國王璽書曰上帝好生惡不仁者向者

我中國自趙宋失馭北夷入而據之播胡俗以腥羶中土華風不競凡百有心孰不興憤自辛卯以來中原擾擾彼倭來寇山東不過乘胡元之衰耳朕本中國之舊家耻前王之辱興師振旅掃蕩胡番宵衣旰食垂二十年自去歲以來殄絕北夷以主中國惟四夷未報間者山東來奏倭兵數寇海邊生離人妻子損傷物命故脩書特報正統之事兼諭倭兵越海之由詔書到日如臣奉表來庭不臣則脩兵自固永安境土以應天休如必爲寇盜朕當命舟師揚帆諸島捕絕其徒直抵其國縛其

天豈不代天[illegible][illegible]仁者哉惟王圖之

陞太倉衛指揮僉事翁德爲指揮副使先是倭寇出没海島上數侵掠蘇州崇明殺傷居民奪貨取沿海之地皆患之德時守太倉率官軍出海捕之遂敗其衆獲倭寇九十二人得其兵器海艘奏至詔以德有功故陞之其官校千二百四十七人賞綺帛五十疋銀二千五百六十九兩戰溺死者加賜錢布米仍命德領兵往捕未盡倭寇遣使祭東海神曰予受命上穹爲中國主惟圖乂民罔敢怠逸蠢彼倭夷屢肆寇刼濵海郡縣多被其殃今命

將統師舟師揚帆海島乘機征勦以靖邊珉特備
牲醴用告神知
乙亥倭入寇淮安鎮撫吳佑等擊敗其衆于天麻
山擒五十七人事聞賜佑等綺帛有差
壬戌朔高麗使者成惟得等辭歸
上以書諭其國王王顓曰近使者歸自王國朕問王
國政俗城廓甲兵居室如何使者言俗無城廓雖
有甲兵而侍衛不嚴有居室而無聽政之所王專
好釋氏去海濱五十里或三十里民始有寧居者
朕詢其故言嘗爲倭奴所擾果若是深爲王慮之

朕雖德薄爲天下主王已稱臣備貢事合古禮凡
諸侯之國勢將近危故持危保國之道不可不諭
王知之古者王公設險以守其國今王有人民無
郭民人將何所依爲國者未嘗去兵今王武備不
脩則國威弛民以食爲天今瀕海之地不耕則民
食艱凡國必有出政令之所今王有居室而無廳
事則無以示尊嚴于臣下朕甚不取也歷代之君
不間夷夏惟脩仁義禮樂以化民成俗今王棄而
不務日以持齋守戒爲事欲以求福失其要矣佛
之道三皇五帝之時未聞有也而是時天下大治

後世務釋氏而能保其國者未之見矣梁武之事可爲明鑑王豈未之知耶夫王之所以王高麗者莫不由前世所積者行先王之道與民興利除害使其生齒繁廣父母妻子飽食煖衣各得其所則國永長脩德求福莫大於此王何不爲此而爲彼哉有國之君當崇祀典闕王之國犧牲不育何以供境內山川城隍之祀乎古人有言國之大事在祀與戎若戎事不脩祀事不備其何以爲國乎今胡運既終沙塞之民無所總統朕兵未至遼瀋其間或有彊暴者出不爲中國患必爲高麗擾况倭

人出入海島十有餘年必知王之虛實此亦不可不慮也王欲禦之非雄武之將勇猛之兵不可遠戰於封疆之外王欲守之非深溝高壘內有儲蓄外有援兵不能以挫銳而擒敵由是言之王之負荷亦重矣智者圖患於未然轉危以為安前之數事朕言甚悉不過與王同其憂耳王其審圖之且知王欲製法服以奉家廟朕深以為喜今賜王冠服樂器陪臣冠服及洪武三年大統曆六經四書通鑑漢書至可領也遣書措不多及仍賜惟得等綺帛有差

據此則高麗自來爲倭奴所擾而
高皇帝首以爲訓故錄之以見王仁之無外而至聖
之前知也

洪武三年

三月遣萊州府同知趙秩持詔諭日本國王良懷
曰朕聞順天者昌逆天者亡此古今不易之定理
也粤自古昔帝王居中國而治四夷歷代相承咸
由斯道惟彼元君本漠北胡夷竊主中國今已百
年汙壞彝倫綱常失序由是英俊起兵與胡相較
幾二十年朕荷上天祖宗之祐百神效靈諸將用

命收海内之群雄復前代之疆宇即皇帝位已三年矣比嘗遣使持書飛諭四夷高麗安南占城爪哇西洋瑣里即能順天奉命稱臣入貢既而西域諸種番王各獻良馬來朝俯伏聽命北夷遠遁沙漠將及萬里特遣征虜大將軍率馬步八十萬出塞追獲殲厥渠魁大統已定蠢爾倭夷出沒海濱爲寇已嘗遣人往問久而不答朕疑王使之故擾我民今中國奠安猛將無用武之地智士無所施其謀二十年鏖戰精銳飽食終日投石超距方將整飭巨舟致罰於爾邦俄聞被寇者來歸始知前

日之冦非王之意乃命有司暫停造舟之役嗚呼
朕爲中國主此皆天造地設華夷之分朕希效前
王恃甲兵之衆謀士之多遠涉江海以禍遠夷安
靖之民非上帝之所托亦人事之不然或乃外夷
小邦故逆天道不自安分時來冦擾此必神人共
怒天理難容征討之師控弦以待果能革心順命
共保承平不亦美乎嗚呼欽若昊天王道之常撫
順伐逆古今彜憲王其戒之以延爾嗣
六月倭夷冦山東轉掠温台明州傍海之民遂冦
福建沿海郡縣福州衛出軍捕之獲倭船一十三

艘擒三百餘人

詔賞福州捕倭軍士文綺金帛

洪武四年

倭夷寇膠州刼掠沿海人民

九月辛未

上御奉天門諭省府臺臣曰海外蠻夷之國有爲患於中國者不可不討不爲中國患者不可輙自興兵古人有言地廣非久安之計民勞乃易亂之源如隋煬帝妄興師旅征討琉球殺害夷人焚其宮室俘虜男女數千人得其地不足以供給得其民

不足以使令徒慕虚名自弊中土載諸史册爲後世譏朕以諸蠻夷小國阻山越海僻在一隅彼不爲中國患者朕决不伐之惟西北胡戎世爲中國患不可不謹備之耳卿等當記所言知朕此意

十月癸巳日本國王良懷遣其臣僧祖來進表箋貢馬及方物并僧九人來朝又送至明州台州被擄男女七十餘口先是趙秩等往其國宣諭秩泛海至析木崖入其境閽者拒勿納秩以書達其王王乃延秩諭以中國威德而詔旨有責讓其不臣中國語王曰吾國雖夷僻在扶桑未嘗不慕中國

之化而通貢奉惟蒙古以戎狄涖華夏而以小國
視我我先王曰我夷也彼亦夷也乃欲臣妾我而使
其使趙姓者誅我以好語初不知其覘國也既而
使者所領水犀數十艘已環列於海岸賴天地之
靈一時雷霆風波漂覆幾無遺類自是不與通者
數十年今新天子帝華夏天使亦姓趙豈昔蒙古
使者之雲仍乎亦將誅以好語而襲我也命左右
將殺之秩不爲動徐曰今
聖天子神聖文武明燭八表生于華夏而帝華夏非
蒙古比我爲使者非蒙古使者後爾若悖逆不吾

信即先殺我則爾之禍亦不旋踵矣我朝之兵天
兵也無一不當百我朝之戰艦雖蒙古戈船百不
當其一况天命所在人孰能違豈以我朝之以禮
懷爾者與蒙古之襲爾國者比耶於是其王氣沮
下堂延秩禮遇有加至是奉表箋稱臣遣祖來隨
秩入貢詔賜祖來等文綺帛及僧衣比辭遣僧祖
闡克勤等八人護送還國仍賜良懷大統曆及文
綺紗羅

洪武五年

高麗歸日本所掠海濵男女七十八人詔有司送

還鄉里
指揮使毛驤敗倭寇于温州下湖山追至石塘大洋獲倭船十三艘生擒一百三十餘人及倭弓等器送京師詔令中書定賞格凡總旗軍士弓兵生擒賊一人者賞銀十兩斬首一級銀八兩民人生擒賊一人銀十二兩斬首一級銀卜兩指揮千戶百戶鎮撫等於班師之日驗功賞之時又弁得所掠高麗人三人適高麗使者至命領之以歸
詔浙江福建瀕海九衛造海舟六百六十艘以禦倭寇

上諭中書省臣曰自兵興以來百姓供給頗煩令後
有興作乃重勞之然所以爲此者爲百姓去殘害
保父母妻子也朕恐有司因此重科吾民反致怨
讟爾中書其榜諭之違者罪不赦省臣對曰
陛下愛民而預防其患所費少而所利大臣嘗聞
倭寇所至人民一空較之造船之費何趐千百若
船成備禦有具瀕海之民可以樂業所謂因民之
所利而利之文何怨但有司之禁不得不嚴先是
瀕海州縣屢被倭害官軍逐捕往往乏舟不能追
擊故有是命

倭夷寇福州之福寧縣前後殺掠居民三百五十餘人焚燒廬舍千餘家刼取官糧二百五十石

明州衛指揮僉事張億率兵討倭寇中流矢卒

上聞而悼之遣使致祭其文曰爾以英勇之姿來自潼關委身事朕遂擢佐武衛俾守鄞城克盡其職近因倭寇侵犯海隅爾身先士卒偶爲流矢所中醫治莫瘳竟殞其身深可痛惜然丈夫生能奉職死能盡忠名垂竹帛復何憾焉仍詔恤其家

詔浙江福建瀕海諸衛改造多櫓快船以備倭寇

高麗國王王顓遣中郎將宋坦以金希聲等十一

人來歸希聲嘉興府人先爲倭寇所掠高麗得之
至是遣還
倭夷入寇戍將捕獲之詔命儒臣草詔歸其俘曾
魯所撰有一視同仁之語
上喜其爲得體
洪武六年
德慶侯廖永忠上言曰臣聞禦寇莫先於振威武
威武莫先於利器用今
陛下神聖文武定四海之亂君主萬國民庶安樂臻
於太平而北虜遁跡遠遁萬里之外獨東南倭夷

負其鳥獸之性時出剽竊以擾瀕海之民
陛下命造海舟剪捕此寇以奠生民德至盛也然臣
竊覩倭夷鼠伏海島因風之便以肆侵掠其來如
奔狼其去若驚鳥來或莫知去不易捕臣請令廣
洋江陰橫海水軍四衛添造多櫓快船命將領之
無事則沿海巡徼以備不虞若倭夷之來則大船
泊之快船逐之彼欲戰不能敵欲退不可走庶乎
可以勦捕也
上善其言從之
三月甲子詔以廣洋衛指揮使於顯爲總兵官操

海衛指揮使朱壽爲副總兵出海巡倭
六月辛亥倭夷寇即墨諸城萊陽等縣沿海居民
多被殺掠詔遣海諸衛分兵討捕之
丙寅台州衛兵出海捕倭獲倭夷七十四人船二
艘追還被掠男女四人
乙巳賜臨濠工作倭卒綿衣
十一月命賞北征軍士與出海捕倭及中立所營
造者鈔各有差
洪武七年
詔以靖海侯吳禎總官都督僉事於顯

總兵官領江陰廣洋橫海水軍四衛舟師出海
巡海捕倭寇所經直京各衛及太倉杭州温台明福漳
泉潮州沿海諸衛官軍悉聽節制
五月甲午賞祖闡克勤等還自日本詔賜祖闡克
勤白金人百兩文綺帛各二匹從行僧白金綺帛
有差祖闡等奏日本進馬命受之
按洪武四年日本國王良懷遣其臣僧祖來隨萊
州同知趙秩稱臣奉貢并僧九人來朝是年即遣
僧祖闡克勤等八人護送還國直至洪武七年五
月僧祖闡克勤遂自日本詔賜祖闡克勤等金帛

有差六月日本國遣僧宣聞溪淨業喜春等来朝
貢馬及方物詔却之時日本國持明與良懷爭立
宣聞溪等賫其國臣之書達中書省而無表文
上命却其貢仍勑中書省向者國王良懷奉表來貢
朕以爲日本正君所以遣使往荅其意豈意使者
至彼拘留二載今年五月去舟纔還備言本國事
體云云洪武十四年　上命禮部遣書責日本征
夷將軍中有　至尊嘉惠日本故遣克勤仲猷二
僧行及其至也加以無禮今又幾年矣夫　聖諭
諄諄一則曰拘留二載一則曰加以無禮則兩僧

之不得志于倭可知野史不覈其眞而信僧家之
粉飾遂以前使臣趙秩之功爲兩僧之功殊域周
咨録至謂祖闡無逸宣化海外能格戎心秉鄭懷
遠不辱　君命勝於元朝水犀十萬多矣此爲實
録乎他如僧宗泐送祖闡詩其詩上獻凡十八韻
上俯賜和之而近年南京禮部新刻　御製文集未
附詩百餘首有賡僧錫[illegible]歌而無賡宗泐詩何也
姑録之以俟博覽者討焉

日本國畧云倭復冦海上　上謂劉基曰東夷固
非北胡心腹之患猶蚊蝱蠆螫自覺不寧其俗尚

禪教宜選高僧說其歸順遂命明州天寧寺僧祖
闡南京瓦罐僧無逸往諭將行天界住持四明宗
泐賦詩餞別持獻於朝　上覽俯賜和之泐詩曰
帝德廣如天聖化無遠邇重譯海外國貢獻日貲
委維彼日本王獨遣沙門至寶刀與名馬用致臣
服意　天子鑒其裏復命重乃事由彼尚佛乘亦
以僧爲使仲猷知心宗無逸窮經義二師當此任
才力有餘地朝辭閶闔門夕宿蛟川涘鉅艦揚獨
帆長風天萬里鯢鯨不敢驕馮夷效驅使滄茫熊
野山一髮青雲際王臣聞招徠匍迎大欣喜時則

○丁寧反覆不亟至哉聞等自翁州啓櫂五月三其国境又踰月入王都館于洛陽西山精舍一遵
聖教數演正法無非約之于善聽者聳愕以爲中華禪伯亟白于王請主天龍禪寺乃夢窓国師道場實名刹也聞以無上命力辞之且申威德固間内外所以遣使來之意王悦命總州太守聞溪宣同僧等奉方物具表稱臣来貢上喜賜聞白金鏹過甚隆

六月日本國遣僧宣聞溪淨業等來朝貢馬及方物詔却之時日本國持明與良懐爭立宣聞溪等賚其國臣之書達中書省而無表文

上命却其貢仍賜宣聞溪等文綺紗羅各二疋從官錢帛有差遣還敕中書省曰朕惟日本僻居海東稽諸古典立國亦有年矣向者國王良懷奉表來

貢朕以爲日本正君所以遣使往荅其意豈意使者至彼拘留二載今年五月去舟纔還備言本國事體以人事言彼君臣之禍有不可逃者何以見之幼君在位臣擅國權傲慢無禮致使骨肉吞併島民爲盜内損良善外掠無辜此招禍之由天灾難免天地之間帝王酋長因地立國不可悉數雖山大川天造地設各不相犯爲主宰者果能保境恤民順天之道其國必昌若怠政禍人逆天之道其國必亡今日本蔑棄禮法慢我使臣亂自内作其能久乎爾中書其移書諭以朕意使其改過自

新轉禍爲福亦我中國撫外夷以禮導人心以善
之道也是時其臣有志布志島津越後守臣氏久
亦遣僧道幸等進表貢馬及茶布刀扇等物
上以氏久等無本國之命而私入貢仍命却而賜道
幸等文綺紗羅各一疋通從人以下錢布有差復
詔禮部符下氏久等曰夷狄奉中國禮之常經以
小事大古今一理今志布志島津越後守臣氏久
以日本之號紀年棄陪臣之職奉表入貢越分行
禮難以受納氏久等當堅節以事君推仁心以牧
民則不爲禍首享福無窮如或不然亂爾國凶爾

家天灾有莫能逃者其表文貢物付通事尤虔賫
領還國先是
上賜日本高宫山報恩禪寺僧靈樞袈裟至是靈樞
亦遣其徒靈照謝恩貢馬一匹詔賜靈樞衣履及
文綺帛各二疋靈照錢一萬文綺帛各一疋僧衣
一襲遣還
日本國僧宗嶽等七十一人遊方至京
上諭中書省臣曰海外之人慕中華而來令居天界
寺人賜布一疋爲僧衣
按日本國僧宗嶽等多至七十一人遊方至京而

高皇帝令居天界寺又賜布一疋爲僧衣眞可謂一
視同仁矣查得洪武二十四年以國子生滕祐壽
爲觀察使祐壽日本國人所謂觀察使者既不但
見又不言何地若非從實録中拈出必以爲齊東
野語異日脩　史者似宜增入夫倭寇數爲中國
患而滕祐壽又日本王子
高皇帝匪惟不罪又從而用之如天之仁終不能以
狡倭之性亦可謂自外于生成矣然至永樂元年
而首先稱臣奉貢其亦感
高皇帝之德也夫所謂滕祐壽者史不載其所終下

愚以爲凡涉四夷者雖小事必載必詳可也

倭夷寇滕州官軍擊敗之

甲戌倭夷寇海州百戶何達率兵擊之斬二十四人

壬午倭夷寇大任海口百戶許彰率兵禦之總檢率其弓兵助擊倭人敗走彰追之倭人返兵拒戰彰遂戰死

洪武八年

高麗占城暹羅斛日本爪哇三佛齊等國皆遣使入貢

丙申命靖寧侯葉昇巡行温台福興漳泉潮州等衛督造防倭海船

癸巳誅潮州衛指揮僉事李德等先是潮州瀕海居民屢爲倭夷刼掠詔德等率舟師沿海捕之德等逗留不出兵巡禦賊遂登岸大肆刼掠

上聞而怒逮德等至京師誅之

洪武九年

日本國王良懐遣沙門圭庭用等奉表貢馬及方物且謝罪詔賜其王及庭用等文綺帛有差先是倭人屢寇瀕海州縣

上命中書移文責之至是遣使來謝庭用還

上以良懷所上表詞語不誠乃復詔諭之曰嘉王篤

誠遙越滄溟來修職貢朕德薄才疎出庶民而帝

中土掌握黔黎新造之時邇者未安遠者何懷納

王上物良騎扵心甚愧然覽表觀情意深機與畧

露其微不有天命恃險負固昭然矣易云天道虧

盈而益謙盖尚勇者不保不順者疾滅凡居二儀

中皆屬上天后土之所司故國有大小限山隔海

天造地設民各樂土于是殊方異類者處扵遐漠

陰命王臣以主之使不相矛盾有如其道者上帝

福佑之否其道者禍之最者胡元特違帝命滅無罪之國禍加臣民橫行西北延及中土人莫敢當將謂天下無對矣揚帆東下直指日本兵未登岸金鼓未振部伍未成天風怒濤檣櫓摧壞致使總兵阿荅海及范文虎等十萬之衆沒於東南此果日本兵精歟抑天道之虧盈歟元雖不能克日本而歸天下諸國尚不敢仰視前數十年元恃兵强虐我中國之人於是豪傑忿然而起與爭幾二紀雌雄未決吾最後興師軍不滿十萬馬不及數千不五年而復中土此果人力耶天耶方今吾與日

本止隔滄溟順風揚帆止五日夜耳王其務修仁政以格天心以免中國之禍實為大寶惟王察之

壬午日本人滕八郎以商至京獻弓馬刀甲硫黃之屬并以其國高宮山僧靈樞所附馬二匹來貢

上命却其獻賜白金遣之其靈樞曾至京受賜所獻馬受之仍給綺帛令滕八郎歸賜靈樞

改登州為府置蓬萊縣時

上以登萊二州皆瀕大海為高麗日本往來要道非建府治增兵衛不足以鎮之遂割萊州府文登招

遠萊陽三縣益登州爲府置所屬蓬萊縣復以青
州府之昌邑即墨高密三縣補萊州府

洪武十二年

丁未日本國王良懷遣其臣劉宗秩通事尤虔俞
豐等上表貢馬及刀甲硫黃等物使還賜良懷織
金文綺宗秩等服物有差

洪武十三年

五月已未日本國王良懷遣其臣慶有僧等來貢
馬及硫黃刀扇等物無表
上以其不誠却之

壬寅倭夷寇刼廣州府東莞等縣

丙戌倭夷寇廣東海豐縣殺掠吏民詔廣東都指揮使司率兵討捕之

九月甲午日本國遣僧明悟法助等來貢方物無表止持其征夷將軍源義滿奉丞相書辭意倨慢

上命却其貢

十二月丙戌遣使詔諭日本國王曰曩宋失馭中土受殃金元入主二百餘年移風易俗華夏腥膻有志君子孰不興憤及元運將終英雄蝟峙聲教紛然時朕控弦三十萬礪刃以觀未幾命大將軍

律九伐之征不逾五載戡定中原蠢爾東夷君臣非道四擾鄰邦前年浮辭生衅今年人來匪誠問其所以果然欲較勝負於戲渺居滄溟罔知帝賜傲慢不恭縱民爲非將必自殃乎

按是年正月誅丞相胡惟庸廷臣訊辭第云使林賢下海招倭軍約期來會而已不至如野史所載亦不見有絕倭之詔本年日本兩貢無表又其將軍奉丞相書辭意倨慢故詔諭之中云前年浮辭生衅今年人來匪誠不及通胡惟庸事何耶近年勘嚴世蕃亦云交通倭虜潛謀叛逆　國史謂尋

端殺之非正法也胡惟庸之遣倭恐亦類此

殊域周咨録八年日本又遣僧如瑶入貢陳情飾非　上待之如前命禮部移文責其君臣既又遣使臣歸廷用入貢有表文詔宴賚之遣還是時丞相胡惟庸謀不軌欲召倭人爲己用而無由乘此機白於　上調金吾衛指揮林賢於明州備倭陰遣宣使陳得中諭賢送歸廷用出境謬指其貢船爲寇聞於中書私其貨物與賞賜賢聽其計惟庸佯奏失遠人心謫居倭國既而復請宥賢復職

上皆從之惟庸以廬州人李旺充宣使召賢且以

密書奉倭王借精鋭百餘人爲用王許之賢還王遣僧如瑤率倭兵四百餘人助惟庸詐稱入貢獻巨燭暗置火藥兵器於燭内包藏禍心比至惟庸已敗　上猶未悉賢通於惟庸僅發倭人雲南守禦林賢後在洪武二十年事覺論謀反爲從滅其族

籌海圖編云日本使歸廷用入貢方物厚賞回還明州備倭指揮林賢在京隨駕時交通樞密使胡惟庸潛遣宣使陳得中密與設計令將歸廷用誣爲倭寇分用賞賜中書省舉奏其罪流賢日本賢

流三年逆臣胡惟庸暗遣人充宣使私往日本取回就借精練兵四百與僧如瑤來獻巨燭中藏火藥兵具意在圖亂　上大怒磔賢于市乃降詔責其君臣絕其貢

按兩書所載小有異同而籌海圖編更爲謬悠且以左丞相爲樞密使野哉若此何以徵後

禮部奏諸番國使臣客旅不通

上曰洪武初海外諸番與中國往來使臣不絕商賈便之近者安南占城真臘暹羅爪哇大琉球三佛齊渤尼彭亨百花蘇門答剌西洋邦哈剌等凡三

十國以胡惟庸謀亂三佛齊乃生間諜紿我使臣至彼爪哇國王聞知其事戒飭三佛齊禮送還朝是後使臣商旅阻絶諸國王之意遂爾不通惟安南占城真臘暹羅大琉球自入貢以来至今来庭大琉球王與其宰臣皆遣子弟入我中國受學凡諸番國使臣来者皆以禮待之我待諸番國之意不薄但未知諸國之心若何今欲遣使諭爪哇國恐三佛齊中途阻之聞三佛齊係爪哇統屬爾禮部備述朕意移文暹羅國王令遣人轉達爪哇知之於是禮部咨暹羅國王曰自有天地以來即有

君臣上下之分且有中國四夷之禮自古皆然我
朝混一之初海外諸番莫不来庭豈意胡惟庸造
亂三佛齊乃生間諜紿我信使肆行巧詐彼豈不
知大琉球王與其宰臣皆遣子弟入我中國受學
皇上錫寒暑之衣有疾則命醫診之
皇上之心仁義無盡矣
皇上一以仁義待諸番國何三佛齊諸國背大恩而
失君臣之禮據有一撮之土欲與中國抗衡儻
皇上震怒使一偏將將十萬衆越海問罪如覆手耳
何不思之甚乎

上嘗曰安南占城眞臘暹羅大琉球皆脩臣職惟
三佛齊梗我聲教夫智者憂未然勇者能從義彼
三佛齊以蕞爾之國而持奸於諸國之中可謂不
畏禍者矣爾暹羅國王獨守臣節我
皇上眷愛如此可轉達爪哇俾其以大義告於三佛
齊係爪哇統屬其言彼必信或能改過從善則與
諸國咸禮遇之如初勿自疑也
按胡惟庸之造反人知日本爲之助逆而不知三
佛齊亦爲之間諜今見之禮部之咨暹羅者若此
事在洪武三十年實録中日本國畧考載　祖訓

云一日本國雖朝實詐暗通奸臣胡惟庸謀爲不
軌故絕之今士大夫動引
祖訓不知實録何以不載若洪武四年
上諭省府臺臣者則非專爲日本發也今已詳見四
年下矣
洪武十四年
日本國王良懷遣僧如瑤等貢方物及馬十匹
上命卻其貢仍命禮部移書責其國王曰大明禮部
尚書致意日本國王王居滄溟之中傳世長民今
不奉

上帝之命不守已分但知環海爲險限山爲固妄自
尊大肆侮鄰邦縱民爲盜
帝將假手於人禍有日矣吾奉
至尊之命移文與王王若不審巨微効井底蛙仰觀
鏡天自以爲大無乃構隙之源乎王涉獵古書不
能詳細始號曰倭後惡其名遂改日本自漢歷魏
晋宋梁隋唐宋之朝皆遣使奉表貢方物生口當
時帝王或授以職或爵以王或睦以親由歸慕意
誠故報禮厚也若叛服不常構隙中國則必受禍
如呉大帝晋慕容廆元世祖皆遣兵往伐俘獲男

女以歸千數百年間往事可鑒也王其審之復移
書責日本征夷將軍曰日本天造地設隔崇山限
大海語言異風俗殊俾自爲治然覆載之内外邦
小國非一所也必有主以司之惟仁者天必輔之
不仁者天必禍之前將軍奉書我朝丞相其辭悖
慢可謂坐井觀天而自造禍者也往者我朝初復
中土日本之人至者云使則加禮遇商則聽其去
來斯我
至尊所以嘉惠日本故遣克勤仲猷二僧行及其至
也加以無禮今又幾年矣洪武十二年將軍奉書

肆侮今年秋僧如瑶來乃陳情飾非群臣言是必
貪利爲謀者請誅之我
至尊不允曰彼小人無知聽其使令殺之何益福善
禍淫天鑒在上吾中國雖大安敢違
帝命本部既聽
德音專差人往問如瑶之來果貪利者歟實爲使歟
將行群臣又奏曰今日本君臣以滄溟小國詭詐
不誠縱民爲盜四寇鄰邦爲良民害無乃天將更
其君臣而殄其患乎我
至尊又不允曰人事雖見

天道幽遠奚敢擅專若以舳艫數千泊彼環海使彼東西趨戰四向弗繼固可滅矣然蒼生民何罪本部復觀彼遊方之徒皆無德沙門忘中國之寬搆是非于兩端識者嗤之治民之國信浮圖而搆大禍古至于今未之有也彼嘗謂元之艨艟漂于蛇海將謂天下無敵吾不知以天歟以人事歟若以人事較之元生紫塞不假舟梁蹄輪長驅經年不阻而爲有彊盍長于騎射短于舟楫耳況當是時日本非元之仇雖非鄰邦之患害元遠

帝命好強尚兵加以

天歌征伐海風怒號沉溺巨艦淪沒精兵將軍以爲
國人之能亦何嘗見元師之盛聚則駿騎雲屯散
則馬蹄雷震戈矛掣電旌旗蔽空露刃哮吼鬼魅
潛走所以八蠻九夷盡在馭內惟爾日本渺居滄
溟得地不足以廣疆得人不足爲元用所以微失
利而不爭所以畏
天命而弭兵禍以存日本之良民也今乃以敗元爲
長勝以蕞爾之疆爲大以余觀之海中之洲截長
補短周匝不過萬里以元之蹄輪長驅而較之吾
不知孰巨孰細者耶今日本邇年以來自誇強盛

縱民爲盜賊害鄰邦若必欲較勝負見是非辨強
弱恐非將軍之利也將軍審之

洪武十五年

浙江都指揮使司言杭州紹興等衛每至春則發舟師出海分行嘉興澉浦松江金山防禦倭夷迨秋乃還後以浙江之舟難於出閘乃聚泊于紹興錢清匯然自錢清抵澉浦金山必由三江海門俟潮闢泮凡三潮而後至或遇風濤動踰旬日卒然有急何以應援不若仍於澉浦金山防禦爲便其台州寧波二衛舟師則宜于海門寶陀巡禦或止於本衛江次備禦有警則易于追捕若溫州衛之舟卒難出海宜於蒲洲楚門海口備之詔從其言

廣州左衛奏請令有司扵民間造兵器給兵士以
禦倭寇
上謂工部臣曰兵以衛民今欲禦寇而以兵器役民
是民未被寇先有勞費非所以安之也自今天下
衛所兵器有缺宜以軍匠付布政司聽其置局以
民匠相參造之毋令衛所造作勞民

洪武十六年
賞温州台州二衛將士擒殺倭寇有功者凡一千
九百六十四人文綺紗布衣物有差
賜國子監倭生文壽衣衾靴韈

洪武十七年

命信國公湯和巡視浙江福建沿海城池禁民入海捕魚以防倭故也

浙江定海千戸所總旗王信等九人擒殺倭賊并獲其器仗事聞

上命擒殺賊者陞職獲器仗者賞之

上諭都督府臣曰瀕海兵衛本以防禦倭夷今台州倭人登岸殺其巡檢守禦官兵所職何事命逮其指揮陳亮趙全至京師罪之

洪武十九年

日本國王良懷遣僧宗嗣亮上表貢方物却
之
洪武二十年
置定海盤石金鄉海門四衛指揮使司于浙江並
海之地以防倭寇
置金山衛于松江之小官場築青村及南匯觜城
千戶所二置臨山衛于紹興及三山瀝海三江等
千戶所皆以沿海防禦倭寇
命江夏侯周德興往福建以福興漳泉四府民戶
三丁取一爲緣海衛所戍兵以防倭寇其原置軍

衛非要害之所即移置之德興至福建安籍抽兵之
相視要害可爲城守之處具圖以進凡選丁壯萬
五千餘人築城一十六增置巡檢司四十有五分
隸諸衛以爲防禦
廢寧波府昌國縣徙其民爲寧波衛卒以昌國瀕
海民嘗從倭爲寇故徙之
敕福建都指揮使司備海舟百艘廣東倍之并具
器械糧餉以九月會浙江候出占城捕倭夷
命凡指揮千百戶鎮撫謫戍昌國衛者咸出海捕
倭以功贖罪

削台州衛指揮同知陳亮官編戍金齒時倭寇至台州境上殺掠居民而亮兵不之覺寇去又不追捕

上聞之怒曰朕設兵衛所以保民也今亮坐視民患而不能救將焉用之命削其官編戍金齒既而復曰亮雖不才而其父事朕累有勲勞不可忘也復以其弟文爲驍騎衛指揮同知

築台州健跳桃渚二城各置千戶所以防倭

洪武二十一年

置福建沿海五衛指揮使司曰福寧鎮東平海永

寧鎮海所屬千戶所十二曰大金定海梅花萬安莆禧崇武福金金門高浦六鰲銅山玄鍾以防倭寇

先是湯和以春秋高思歸故鄉嘗進對

上前從容乞骸骨時公侯皆在京師見和之請亦次第以爲言

上嘉之各賜鈔萬錠俾建第于鳳陽且謂和曰日本小民屢擾瀕海之民卿雖老強爲朕一行視其要害地築城增兵以固守備和奉旨即行自閩越並海之地築數十城而歸至是新第成和率妻子陛

辭

賜日本王藤佑壽等衣鈔靴韈

山東都指揮僉事藺真奏近者倭船十二艘由城山洋艾子口登岸刼掠寧海衛指揮僉事王鎮等禦之殺賊三人獲其器械赤山寨廵檢劉興又捕殺四人賊乃遁去

洪武二十三年

左軍都督府奏浙江都指揮使司言倭夷由穿山浦登岸殺虜軍士男女七十餘人掠其財物守禦百戶單政不即剿捕致賊遁去詔誅

鎮海衛軍士陳仁建言造海舟曰臣聞古人之言曰不備不虞不可以師向者

陛下命瀕海衛所造防倭海舟所以備外寇衛民命也然臣竊覩蘇州太倉當大海之口倭寇必由之地所造海舟歲月已久檣檝摧壞一有緩急則假漕運之舟代之器用不便何以禦敵宜令軍衛急造海舟以將統之庶武備嚴整永絶外患

賜國子監讀書日本國王子滕佑壽襖衣襴被

洪武二十四年

以國子監生滕祐壽爲觀察使祐壽日本國人

海盜張阿馬引倭夷入寇官軍擊斬之阿馬者台州黄巖縣無賴民常潛入倭國導其群黨至海邊剽掠邊海之人甚患之至是復引其衆自水桶澳登岸欲刼掠居人遇杭州餉運百戶孔希賢與戰不勝而死兵船皆爲所掠百戶金鑑别率所部奮擊斬其首賊一人賊退走軍校費麗保吳慶乘勢追之至海岸遂獲阿馬斬之

倭夷寇雷州遂溪縣雷州衛百戶李玊鎮撫是月等禦之賊勢猖獗而官軍寡弱不敵玊等偕陶鼎戰死

上憐之乃以王子真爲德慶千戶所鎮撫鼎子貴爲
潮州衛所鎮撫
洪武二十五年
賜浙江杭州等衛造防倭海船軍士萬一千七百
餘人鈔各一錠胡椒一觔
賞浙江磐石等衛造防倭海船將士八千七百餘
人鈔有差
山東都指揮使周房言所屬寧海萊州二衛東瀕
巨海途岸紆遠難于防禦近者審擇萊州要害之
處當置八總寨以轄四十八小寨其寧海衛亦宜

置五總寨以備倭夷詔從之

洪武二十七年

甲寅禁民間用番香番貨先是

上以海外諸夷多詐絕其往來唯琉球真臘暹羅許入貢而緣海之人往往私下諸番貿易香貨因誘蠻夷爲市命禮部嚴禁絕之敢有私下諸番互市者必寘之重法凡番香番貨皆不許販鬻其見有者限以三月銷盡民間禱祀止用松栢楓桃諸香違者罪之其兩廣所產香木聽土人自用亦不許越嶺貨賣蓋慮其雜市番香故并及之

詔互徒浙江福建沿海土軍初閩浙濵海之民多
爲倭寇所害以指揮方謙言于沿海築城置衛籍
民丁多者爲軍以禦之而土人爲軍反爲鄉里之
患至是有言于朝者乃詔互徒之既而以道遠勞
苦止于各都司沿海衛所相近者令互居之

命中軍都督府都督僉事劉德前軍都督府都督
僉事商暠廵視兩浙城隍簡閲軍士
上以倭夷屢爲寇患命德等廵視沿海州郡城隍度
其高廣丈尺以及軍士器械之數仍督各衛嚴爲
備禦遇有調發則一百戸所全軍同出庶幾兵將

相知不致相失

命魏國公徐輝祖安陸侯吳傑往浙江訓練沿海軍士時海上有倭寇之警先都督楊文節制沿海諸軍備之至是復命輝祖等往加訓練

四月庚辰更定蕃國朝貢儀是時四夷朝貢東有朝鮮日本南有暹羅琉球占城真臘安南爪哇西洋瑣里三佛齊潡泥百花覽邦彭亨淡巴須文達那凡十七國其西南夷隸四川者軍民府凡六烏蒙烏撒芒部邛部普安東川安撫司一曰金筑宣撫司一曰酉陽宣慰司三曰貴州播州石柱招討

司三曰天全六番長河西長官司凡三十盧山[illegible]
役西堡大華寧谷寨項营十二营平茶程番康佐
木瓜方番阿昔亦簇占藏先結簇㓊匝簇比定簇
祁命簇阿昔洞簇勒都簇班班簇者多簇麥匝簇
泥溪雷坡沐川平夷蠻夷岳希蓬隴木頭靜州府
四德昌馬湖建昌會川州十九安順龍永寧鎮寧
建安禮栢興黎里闊武安永昌隆姜黎溪會理威
龍昌普濟衛一曰建昌縣三中碧舍麻龍其隸廣
西者府三田州思明鎮安州二十五龍英龍江養
利上下塛思陵萬承安平太平都結思城結倫鎮

遠左著孟南卅結安思同東蘭那地全茗利泗城奉議縣四陀陵羅陽崇善永康隷雲南者軍民府一曰姚安府八元江麗江景東楚雄鶴慶尋甸大理臨安宣慰使司三平緬車里八百州二姚㘵土官三海東賓居小雲南縣二廣通習峩隷湖廣者宣慰使司四施南思南永順保靖安撫司一忠建長官司三臻部六洞黄坡等處軍民府一曲靖西域之部七西天泥八剌國朶甘沙州烏思藏撒立畏兀兒撒來撒馬兒罕

上以舊儀煩瀆故復命文宗之凡番國王來朝先遣

禮部官勞於會同館明日各服其國服如嘗賜朝服者則服朝服於奉天殿朝見行八拜禮畢即詣文華殿朝皇太子行四拜禮見親王亦如之親王立受後荅二拜其從官隨蕃王班後行禮凡遇宴會蕃王班次居侯伯之下其蕃國使臣及土官朝貢皆如常朝儀

命安陸侯吳傑永定侯張銓等率致仕武官往廣東訓諫沿海衛所官軍以備倭寇

遼東有倭夷寇金州卒入新市燒屯營糧餉殺掠軍士而去詔以沿海衛所將校不加備禦命都督

府符下切責之

洪武二十九年

定擒獲倭賊陞賞格凡各衛指揮獲倭船一艘及賊者僉事陞同知同知陞指揮使仍賞白銀五十兩鈔五十錠千戶擒獲者陞指揮僉事百戶擒獲者陞千戶其賞俱與指揮同在船軍士能生擒及殺獲倭賊一人者賞白金五十兩將校軍士與倭賊陸地交戰能生擒或殺獲一人者賞白金二十兩鈔二十錠

洪武三十一年

倭夷冦山東寧海州由白沙海口登岸刼掠居人殺鎮撫盧智寧海衛指揮陶鐸及其弟鉞出兵擊之斬首三十餘級賊敗去鉞爲流矢所中傷其右臂先是倭夷嘗入冦百戸何福戰死事聞
上命登萊二衛發兵追捕至是鐸等擊敗之詔賜鈔帛恤福家

浙江都指揮使陳禮言近者倭賊二千餘人船三十餘艘入冦海澳寨楚門千戸王斌鎮撫袁潤等禦之賊勢県悍斌等力不能勝皆戰死詔發兵出海追捕賜鈔帛恤斌潤家

倭夷寇山東寧海州由白沙海口登岸劫掠居人
殺鎮撫盧智寧海衛指揮同知[illegible]澤及其子[illegible]出戰兵[illegible]
之斬首三十餘級賊敗去濬為流矢所中傷其右
臂[illegible][illegible][illegible]倭夷嘗入寇百戶何福戰死事聞
上[illegible][illegible][illegible][illegible]二衛發兵追捕至是鏖擊敗之詔賜勑
[illegible][illegible][illegible]家

皇明馭倭録卷之二

兵部車駕清吏司主事臣王士騏纂

永樂元年

鎮海衛軍張瓏言淛江定海諸處實倭寇出没之地今太倉當其衝要本衛舊委官率舟師防禦然軍士數少加以四散下屯設或遇警無以備之乞令蘇州鎮海二衛原選虎賁士以其半守護倉厫其半與能幹官管領增添舟船鎮守海口衝要之處庶幾寇至無虞從之

命淛江觀海衛造捕倭海船三十六艘

禮部尚書李至剛奏日本國遣使入貢已至寧波府凡番使入中國不得私載兵器刀槊之類鬻於民具有禁令宜命有司會檢番船中有兵器刀槊之類籍封送京師

上曰外夷向慕中國来脩朝貢危蹈海波跋涉萬里道路既遠貲費亦多其各有賫以助路費亦人情也豈當一切拘之禁令至剛復奏刀槊之類在民間不許私有則亦無所鬻惟當籍封送官

上曰無所鬻則官爲準中國之直市之毋拘法禁以失朝廷寛大之意且阻遠人歸慕之心

日本國王源道義遣使圭密等三百餘人奉表貢
馬及鎧冑佩刀瑪瑙水晶琉黃諸物賜圭密等文
綺紬絹衣幷錢鈔紵絲紗羅有差賜其通事冠帶
命禮部宴之仍命遣使同圭密往賜日本國王冠
服錦綺紗羅及龜紐命印

永樂二年

勑捕倭總兵官清遠伯王友副總兵都指揮僉事
郭義前以海寇爲患命爾等統兵巡捕務在廓清
近大謝桃渚赤坎寨胡家港諸處海寇登岸殺掠
軍民爾等坐視不理養寇害民論法當誅今姑記

爾罪即整將士晝夜運謀奮力勦除此寇以贖前
罪然寇多譎詐巧於窺伺宜審爲進止務出萬全
庶副朕委任之重
日本國王源道義遣使梵亮奉表貢馬及方物謝
賜冠服印章命禮部賜王鈔錢綵幣及宴賚其使
日本國王源道義遣使永俊等奉表賀册立
皇太子并獻方物命禮部賜王鈔錢綵幣及宴賚永
俊等
賜左通政趙居任綵幣二表裏鈔四十錠嘉其使
日本能却贈遺故也

按元年巳遣左通政趙居任等使朝鮮茲銜使日本憲章録云永樂二年命通政趙居任使日本令十年一貢今按元年十月日本國王遣使圭密奉表貢物命禮部宴之仍命遣使同圭密徃賜日本或他使或即趙居任或以元年奉使而二年還朝受賜俱不得而知也至於三年僉都御史俞士吉使日本封王亦載憲章録實録遂無可考肴使薛書有據與日脩　國史者似宜增入

永樂三年

鎮守寧波浙江都指揮僉事程鵬奏指揮龐義喬

英備倭失機命斬之以狥其千百戶同罪者宥死
降職
日本國王源道義遣使源通賢等奉表貢馬及方
物并獻所獲倭寇嘗爲邊害者
上嘉之命禮部宴賚其使遣鴻臚寺少卿潘賜內官
王進等賜王九章冕服鈔五千錠錢千五百緡織
金文綺紗羅絹三百七十八疋
永樂四年
遣使賫璽書褒諭日本國王道義先是對馬壹岐
等島海寇劫掠民勑道義捕之道義出師獲渠魁

以獻而盡殲其黨類
上嘉其勤誠故有是命仍賜道義白金千兩織金及
諸色綵幣二百疋綺繡衣六十件銀茶壺三銀盆
四及綺繡紗帳衾褥枕席器皿諸物并海舟二艘
又封其國之山曰壽安鎮國之山立碑其地
上親製文曰朕惟麗天而長久者日月之光華麗地
而長久者山川之流峙麗於兩間而永久者賢人
君子之令名也朕
皇考太祖聖神文武欽明啓運俊德成功統天大孝
高皇帝智周八極而納天地於範圍道冠百王而亘

古今之統紀恩施一視而溥民物之亨嘉日月星辰無逆其行江河山嶽無易其位賢人善俗萬國同風表表於茲世固千萬年之嘉會也朕承鴻業享有福慶極天所覆咸造在廷周綏靖錫以賢智世守茲土冠於海東允爲守禮義之國是故朝聘職貢無闕也慶謝之禮無闕也是猶四方之所同也至其恭敬栗栗如也純誠懇懇如也信義旦旦如也畏天事上之意愛身保國之心惕善遏惡之念始終無間愈至而猶若未至愈盡而猶若未盡油油如也源源如也邇者對馬壹岐暨諸小島有

盜潛伏時出寇掠爾源道義能服朕命咸殄滅之屹爲保障誓心朝廷海東之國未有賢於王者也朕嘗稽古唐虞之世五長迪功渠搜即敘成周之隆髳微盧濮率遏亂畧光華簡册傳誦至今以爾道義方之是大有光於前哲者日本王之有源道義又自古以來未之有也朕惟繼唐虞之始舉封山之典特命日本之鎭號爲壽安鎭國之山錫銘詩勒之貞石榮示於千萬世銘曰日本有國鉅海東舟船奢邇華夏通譯禮樂昭華風服御絺繡考皷鐘食有鼎爼居有宮語言文字皆順從善俗殊

異羯與戎萬年景運當時雍
皇考在天靈感通監觀海宇罔不恭爾源道義能廸
功遠島微忽敢鞠訩鼠竊蠅嘬潛其蹤爾奉朕命
搜逋窮如雷如電飛蒙衝絶港餘孽以火攻焦流
水上横復縱什什伍伍僉姦兕荷校屈肘衛以鏦
獻俘來廷口喁喁彤庭左右誇精忠顧咨太史疇
勲庸有國鎮山宜錫封惟爾善與山增崇寵以銘
詩貞石礱萬世照耀扶桑紅
日本國王源道義遣使圭密等貢名馬方物謝賜
冕服恩賜錢鈔綵幣

殊域周咨録誤以爲二年文

御製銘失不載

永樂五年

日本國王源道義遣僧圭密等七十三人來朝貢

方物幷獻所獲倭寇道金等

上嘉之賜勅褒諭曰王忠賢明信恭敬朝廷殄滅兇

渠俾海濱之人咸底安靖朕甚嘉之茲特賜王白

金一千兩銅錢一萬五千緡錦紵絲紗羅絹四百

一十疋僧衣十二襲帷帳衾褥器皿若干事幷賜

王妃白金二百五十兩銅錢五千緡綿紵絲紗羅

絹八十四疋用示旌嘉之意

永樂六年

日本國王源道義遣僧圭密等百餘人貢方物并

獻所獲海寇

上命以寇屬刑部賜圭密鈔百錠錢十萬綵幣五表

裏僧衣一襲賜其徒從有差

日本國王源道義遣使昌宣等來朝貢馬及方物

賜鈔幣有差

命都指揮李龍指揮王雄總率山東官軍六千往

沙門島等處巡捕倭寇

日本國世子源義持以父源道義卒遣使告訃命中官周全往祭賜謚恭獻賻絹布各五百疋復遣使賫詔封嗣持義日本國王賜錦綺紗羅六十匹命安遠伯柳升充總兵官平江伯陳瑄充副總兵率舟師緣海巡捕倭寇仍命以牲幣祭告東海之神

遣使賫勑諭日本國王源義持曰往者海寇出沒爾父恭獻王能敬承朕命發兵殄之今海盜復作王宜繼承父志發兵捕戮以光恭獻王之功

永樂七年

上聞倭寇犯東海千戶所退依鷹遊山勑總兵官豐城侯李彬等曰爲將出奇制勝之道在於臨敵隨機應變此寇逗遛海濱正授死之時爾等宜乘機運謀以立奇功并勑都指揮羅文李敬皆用心隄備乘機勦殺

勑責備倭總兵官安遠伯柳升不奮力擒賊且敕豐城侯李彬都督費瓛併力勦捕

總兵官安遠伯柳升奏率兵至青州海中靈山遇倭寇交戰賊大敗斬及溺死者無筭遂夜遁即同平江伯陳瑄追至金州白山島等處浙江定海衛

百戸唐鑑等亦追至東洋朝鮮國義州界悉無所

見

上勅升等還師

永樂八年

日本國王源義持遣使圭密等奉表貢方物謝賜

父謚及命襲爵恩

皇太子賜圭密等鈔幣有差

永樂九年

遣使賫勅賜日本國源義持金織文綺紗羅綾絹

百疋錢五千緡嘉其屢獲倭寇也

廣東都指揮使司奏比倭賊攻陷昌化千戶所千戶王偉等戰敗被殺軍士死亡甚衆城中人口倉糧軍器皆被刼掠而副總兵指揮李珪及海南衛所遣領兵指揮千百戶徐茂等俱不嚴兵備禦賊至又不救援賊去亦不追勦罪當死

上曰此不可宥姑令捕寇贖罪如寇不獲皆斬

永樂十一年

倭賊三千餘人寇昌平衛爵谿千戶所攻城城上矢石擊之賊死傷者衆遂退走至楚門千戶所備倭指揮僉事周榮率兵追之賊被殺及溺死無算

百戶唐鑑等亦追至東洋朝鮮國義州界悉無所見

上勑升等還師

永樂八年

巡按福建監察御史李素劾啓福建都指揮童俊不謹邊防遣幼弱指揮彭震巡海防倭軍無紀律倭寇攻破大金定海二千戶所福州羅源等縣殺傷軍民刼掠人口及軍器糧儲俊不遣兵救援賊遂乘勢攻圍平海衛城池指揮王儁督戰百戶繆眞等戰死自辰至戌賊始退散彭震亦不應援定

海千戶所領兵百戶金旺等及福州右衛千戶王
朝用等遇賊先遁致賊殺傷官軍及俊親領兵赴
敵又逗遛不進縱賊出境俊受任方隅翫冦偷安
委用非人失律喪師俊及朝用等厥罪惟均宜正
典刑以警偷懦

日本國王源義持遣使圭密等奉表貢方物謝賜
父謚及命襲爵恩
皇太子賜圭密等鈔幣有差

永樂九年
遣使賫勑賜日本國源義持金織文綺紗羅綾絹

百疋錢五千緡嘉其屢獲倭冦也

廣東都指揮使司奏比倭賊攻陥昌化千戸所千戸王偉等戰敗被殺軍士死亡甚衆城中人口倉糧軍器皆被刼掠而副總兵指揮李珪及海南衛所遣領兵指揮千百戸徐茂等初不嚴兵備禦賊至又不救援賊去亦不追勦罪當死

上曰此不可宥姑令捕冦贖罪如冦不獲皆斬

命豐城侯李彬等所統捕倭軍士休息仍令各都司嚴固備禦

按是年有中軍都督劉江死罪江鎮守遼東不

謹斥候致賊入寨殺官軍

上怒遣人斬江首既而宥之使勉圖後效

永樂十一年

倭賊三千餘人寇昌平衛爵谿千戶所攻城城上矢石擊之賊死傷者衆遂退走至楚門千戶所備倭指揮僉事周榮率兵追之賊被殺及溺死無算於是浙江都司盡以所獲器械送京師

巡按浙江監察御史党衡奏近倭賊攻刼楚門千戶所備倭都指揮胡麟王貢指揮李敬等失於隄備請鞫治之

並是浙江都司盡以所獲器械送京師

永樂十三年

行在都察院左副都御史李慶等劾奏近倭賊入旅順口都督劉江領軍至金州衛相去甚近不策應及明日調兵至而賊已遁都指揮周興巫凱俱不用心隄備致倭寇屢為邊患宜寘之罪

上曰江等職在守邊致寇如此罪本難宥姑記其過使圖後效

永樂十四年

直隷金山衛奏有倭船三十餘艘倭寇約三千餘

在海往來勅遼東總兵官都督劉江及各都司緣
海衛所令謹備及相機勦捕
遣人賫勅往金鄉勞使西洋諸番內官張謙及指
揮千百戶旗軍人等初謙等奉命使西洋諸番還
至浙江金鄉衛海上猝遇倭寇時官軍在船者纔
百六十餘賊可四千鏖戰二十餘合大敗賊徒殺
死無算餘衆遁去
上聞而嘉之賜勅獎勞官軍陞賞有差指揮千百戶
衛所鎮撫旗軍校尉人等俱陞一級指揮賞鈔二
百錠綵幣五表裏千戶衛鎮撫鈔百錠百戶所鎮

爲民害邊者併其將皆不貸

勑捕倭總兵官都督同知蔡福還京所領官軍悉

還原衛

中軍都督同知蔡福有罪謫交阯福先總舟師捕

倭調度失律溺死官軍法司論寘重典特宥而謫

之事在十五年

按蔡福以五月丁卯受命而九月丁酉

勑名還京中間蒞事不過三月而以調度失律

溺死官軍謫戍于時失律之罪嚴矣

直隸金山衛奏有倭船三十餘艘倭寇約三千餘

在海往來勑遼東總兵官都督劉江及各都司緣
海衛所令謹備及相機勦捕
遣人賫勑往金鄉勞使西洋諸番内官張謙及指
揮千百户旗軍人等初謙等奉命使西洋諸番還
至浙江金鄉衛海上猝遇倭寇時官軍在船者纔
百六十餘賊可四千鏖戰二十餘合大敗賊徒殺
死無算餘衆遁去
上聞而嘉之賜勑奬勞官軍陞賞有差指揮千百户
衛所鎮撫旗軍校尉人等俱陞一級指揮賞鈔二
百錠綵幣五表裏千户衛鎮撫鈔百錠百户所鎮

撫八十錠綵幣俱三表裏御醫畨火長鈔六十錠綵幣一表裏校尉鈔六錠綿布四疋旗軍通事火長軍匠鈔五十錠綿布三疋民醫匠人厨役梢水鈔四十錠綿布二疋傷故者本賞外加賞指揮鈔百錠綵幣二表裏千戶衛鎮撫鈔八十錠百戶所鎮撫六十錠綵幣俱一表裏御醫畨火長鈔四十錠校尉三十錠旗軍通事火長軍匠二十錠民醫匠人厨役梢水十五錠自御醫以下綿布俱二疋

永樂十五年

勑山東福建等都司令緣海衛所嚴整軍馬晝夜

謹備遇賊至隨機剿捕失機悞事必殺不赦時浙
江松門衛奏倭船在海往來故也
○遣刑部員外郎呂淵等使日本時捕倭將士禽
冦數十人獻京師賊首有微葛成二郎五郎者訊
之皆日本人群臣言日本數年不脩職貢意爲倭
寇所阻今首賊乃其國人宜誅之以正其罪
上曰遠夷威之以刑不若懷之以德姑宥其罪遣還
於是命淵等送還日本賜璽書諭國王源義持曰
爾父道義能敬天事大恭脩職貢國人用安盜賊
不作自爾嗣位反父之行朝貢不供屢爲邊患豈

事大之道天生斯民立之主宰大邦小國上下相維繫非欲遂民之生耳爾居海東蕞爾之地乃憑恃險阻肆爲桀驁羣臣屢請發兵問罪朕以爾狗盜鼠竊且念爾父之賢不忍遽絶曲垂寛貸冀爾悔悟比日本之人復寇海濵邊將獲其爲首者送京師罪當棄市朕念其人或爾所遣未忍深究姑宥其罪遣使送還爾惟迪父之行深自克責以圖自新凡比年並海之民被掠在日本者悉送還京不然爾罪益重悔將無及

永樂十六年

行人呂淵自日本還其國王源義持遣日隅薩三州刺史島津滕存忠等奉表隨來謝表曰日本蕞爾小邦自臣祖父以來受命朝廷霑被恩德不敢背忘比因倭寇旁午遮遏海道朝貢之使不能上達臣自知有負大恩而境內之人肆爲鼠竊者皆下頑遁逃之徒實非臣之所知既皆爲天兵所禽

皇上天地之量父母之恩曲宥其罪悉皆遣歸臣之感戴莫盡名言伏望貸臣之罪自今許其朝貢如初不勝慶懼之至

上以其詞順特釋其罪命行在禮部宴賚其使遣還

金山衛奏有倭船百艘賊七千餘人攻城刼掠勅
海道捕倭都指揮谷祥張翥令以兵策應又令各
衛所固守城池賊至勿輕出戰有機可乘亦不可
失務出萬全又勅福建山東廣東遼東各都司及
總兵官都督劉江督緣海各衛悉嚴兵備
勅山東都司調馬步官軍八千人令都指揮衛青
李凱統往緣海勦捕倭寇有功者奏聞陞賞退避
者即斬以狥
勅遼東總兵官都督劉江曰今倭寇爲首者已被
擒其遺孽未獲者尚出沒不常爾可相機勦捕若

兵勢多寡不敵則固守城池慎勿輕戰

遼東總兵官都督劉江言近因巡視各島賊人出沒之處至今州衛金線島西北望海堝上其地特高望老鸛觜金線馬雄諸島其旁可存千餘兵守備詢諸土人云洪武初都督耿忠亦嘗於此築堡備倭離金州城七十餘里凡有寇必先過此實爲濱海襟喉之地已用石壘堡築城置煙墩瞭望從之

永樂十七年

敕捕倭都指揮谷祥張翥并浙江福建緣海衛所

曰今朝鮮送回倭賊掠去軍士二人言賊欲來濵
海爲寇又海寧乍浦千戸所瞭見赭山西南海洋
等處有倭船十餘艘望東南行爾等宜嚴備之
勅遼東總兵官都督劉江曰今朝鮮報倭寇饑困
已極欲寇邊宜令縁海諸衛嚴謹備之如有機可
乘即盡力勦捕無遺民患
勅山東縁海衛所嚴兵備以金山衛奏有倭船九
十餘艘在海往來故也
遼東總兵官中軍左都督劉江以捕倭捷聞江嘗
請於金州衛金線島西北望海堝上築城堡立煙

墩瞭望倭寇一日瞭者言東南海洋內王家山島
夜舉火江以寇聚其間亟遣馬走軍赴堝上小堡
備之翌日倭船三十一艘泊馬雄島寇衆登岸徑
奔萬洋堝江親督諸將伏兵堡外山下俟賊既圍
堡舉砲發伏都指揮錢真等領馬隊要其歸路都
指揮徐江等領步隊逆戰寇衆大敗奔入櫻桃園
空堡中官軍圍殺之自辰至酉擒戮盡絕生獲百
十三人斬首千餘級
上聞之賜璽書褒諭徵江還京師且令速上將士功
遼東總兵官都督劉江被召至封奉天翊衛宣力

武臣特進榮祿大夫柱國廣寧伯食祿千二百石子
孫世襲初名榮其父名江隷燕山左護衛兵籍有
疾榮代役因冐父名至是始復其初名云
録遼東捕戮倭寇功賞廣寧伯劉榮等以下二百
九十四人鈔幣有差
永樂十八年
縁海諸衛奏有倭寇三百餘人船十餘艘抵金鄉
福寧及井門程溪等處登岸殺掠復東南行勑遼
東總兵官廣寧伯劉榮及山東浙江福建瀕海諸
衛嚴兵為備賊至則相機勦捕

廣寧伯劉榮卒榮邳州宿遷人初冒父名隸籍燕山左護衛既受封始復其初名榮素以驍勇聞從
上舉義攻大寧徇山東戰靈壁渡江至師爲前鋒榮果毅善戰所向無敵由百戶累陞至中軍右都督
永樂八年從
上北征破本雅失里之衆於靜虜鎮即陞中軍左都督十二年從征瓦剌率所部與馬哈木戰下馬持短兵突入其陣殺獲獨多師還受厚賞命守遼東訓練士馬守備甚嚴十七年夏瞭望倭寇將至率馬步兵置左右翼爲伏先以弱兵誘之寇長驅而

前伏起夾擊自辰達酉寇不能支趨匿空堡中榮合兵圍數匝盡殲之僵尸相藉斬首千餘級俘其餘衆送京師封廣寧伯至是卒追封奉天靖難推誠宣力武臣特進榮祿大夫柱國廣寧侯謚忠武榮爲將馭士卒有紀律明恩信扵諸夷欵塞者綏輯備至既卒人咸思之

水東日計云國朝名將劉江以中軍左都督總兵鎮遼東殺倭寇事載在五倫書悉矣近閱楊文敏公西京類藁乃曰公鎮守遼東備倭寇至即相地形勢請扵金線島西北之望海堝築城堡立煙墩

一日瞭者言東南海島夜舉火光公計寇將至亟遣馬步軍赴堝上小堡備之翌日倭船三十餘艘泊馬雄島寇相屬登岸徑奔堝前上公親督諸將伏兵堡外山下預遣一裨將領馬隊要其歸路一裨將領步隊與之逆戰公舉炮伏發寇大敗奔入櫻桃園空堡中合兵圍之自辰至酉擒戮無遺生獲百餘人斬首千餘級事聞賜璽書褒諭徵公至京面慰勞之公對曰受任禦寇分所當爲此皆奉行陛下成筭及諸將士効力所致臣不敢當其功

上嘉其謙抑既而封公爲奉天翊衛宣力武臣特進

榮祿大夫柱國廣寧伯食祿千二百戶子孫世世
承襲仍遣赴鎮公疏將士有功者陞賚有差先是
倭寇出沒海上焚民居掠財貨殺虜生口北自遼
東山東南抵閩浙海濱州郡無歲不被其害官軍
捽不能制往往有坐失機罪死者至是寇害屏息
傍海千餘里兵民安生樂業以至于今受封之明
年是永樂庚子四月辛丑薨于鎮享年六十有一
訃至
上深嗟悼輟視朝三日遣官諭祭追封廣寧侯謚忠
武官爲營葬賻卹甚厚復給舟車歸其喪令所經

州郡皆致祭以某年某月某日葬金口御河鄉公諱榮世居邳州宿遷曾祖諱二公祖諱小大父諱江俱追封廣寧伯曾祖妣余氏祖妣張氏母張氏繼母馬氏俱贈夫人配馬氏子端襲伯爵早卒繼室余氏封人子淮早卒安繼襲伯爵側室高氏子麟陳氏子正通四人女一人在室孫若干人及考遼陽誌則曰廣寧伯劉江少有大抱負戰勝攻取累拜中軍都督總遼東戎政能明號令嚴賞罰謹斥堠練甲兵永樂己亥聞倭賊屢爲邊患江乃駐兵金州備之適倭賊二千餘以數十海艢直逼望

海堨下登岸魚貫行一賊貌甚醜惡揮兵率衆如入無人之境瞭者飛報江遂下令犒師秣馬畀不経意以都指揮徐剛伏兵于山下百戸姜隆率壯士潛焼賊船截其歸路乃與之約曰旗舉伏起砲鳴奮擊不用命者以軍法從事既而賊至堨下江被髮舉旗鳴砲伏兵盡起縱以兩翼而進賊衆大敗死者横什草莽餘衆奔櫻桃園空堡内我師追迫環擊皆奮勇請入堡勦殺江不許特開西壁以縱之仍分兩翼夾擊生擒數百斬首千餘間有潛脫而走艙者又爲隆等所縛岸無一人得脫凱旋

之際將士請曰明公見敵意思安閑惟飽士馬及臨陣作真武披髮狀追賊入堡不殺而縱之何也江曰窮寇遠來必饑且勞我以逸待勞以飽待饑固治力之道賊始魚貫而來類蛇陣故作此以鎮服之雖愚士卒之耳目亦可以壯士卒之氣賊既入堡有死而已我師臨之彼必至死未必無傷于我故縱其生路以滅之即圍師必闕之意此固兵法顧諸公未察耳事聞恩禮優隆進伯爵云按海倭之患北自遼海而山東而淮楊崇明太倉金山而浙而閩而廣海極欽廉銅柱而止故所在有備

倭官軍迄今不敢廢然侵掠之患則銷熄　矣雖本之國威聖德所在得人然滅倭大捷則固無出劉忠武公之右者忠武之功大矣柳考之遂志作於景泰中出五倫書後固無補于書文敏碑中亦無金州王家山嘉之詳倭船生獲今皆有的數書而能然載筆者考寔之功于是有不可誣者矣獨惜兩京類藁於父子名諱譌謬至是則楊氏子弟難追其責噫忠武之戰功楊公之文字傳于世者不四五十年之久取信之難已如此吾安得而不致深慨于斯也哉

望海堝之捷人知有劉江而不知有劉榮榮江之本名也榮父名江有疾榮代役因冒父名大捷封伯始陞正云五倫書既止標代役之名楊文貞西京類稿又不詳更名之故所以水西日記輕于持論葉公名臣而不覩金匱之藏尚有此誤又況于草野之人執筆而以臆記乎此野史之所以可恨也

永樂十九年

廣東巡海副總兵指揮李珪在朝州靖海遇倭賊與戰殺敗賊衆生擒十五人斬首五級并所獲器

械悉送北京

命都督僉事胡原充總兵官都督僉事梁銘都指揮使薛山爲副率領原調廣東都司所屬官軍五千人巡捕倭寇

籌海圖編云永樂二年

上命太監鄭和統督樓船水軍十萬招諭海外諸番日本首先納款擒獻犯邊倭賊二十餘人即命治以彼國之法盡蒸殺之今銅甑猶存爐竈遺趾在蘆頭堰降勑褒奬給勘合百道定以十年一貢船止二隻人止二百違例則以寇論制限進貢方

物馬 鎧 硫黄 貼金扇 牛皮 鎗盔
蘇木 塗金裝綵屏風 劍 灑金廚子 灑金
手箱 灑金木銚角盥 刀 灑金文臺 描金粉
匣 描金筆匣 水晶數珠 抹金提銅銚 瑪
瑙

永樂九年遣三寶太監王進奉使日本收買奇貨
至寧波選壯軍顧通號大漢將軍同往彼夷初御
以禮後起別議輙下滚江龍于港口得支港潛出
彼夷婦容引而歸

騏按 録永樂元年遣使而二年無鄭和三年遣

使有鴻臚寺少卿潘賜内官王進等而九年無王
進日本國王獻所獲倭寇嘗爲邊害者乃三年中
事而野史誤以爲二年四年遣使封其國之山曰
壽安鎮國之山立碑其地而野史亦誤以爲二年
凡稱歷
朝遣使入貢者考之實録十無一合野史之不足
據若此然實録于遣使姓名或載或不載所謂楚
既失之齊亦未爲得也
又按日本不待遣使首先納欵然後遣使與圭密
同往事在元年十月

國史雖不載使臣姓名似即通政趙居任盖歸自高麗仍遣之耳太監鄭和之下海既在日本通貢之後和亦未嘗至日本詳見星槎勝覽及太倉州誌

永樂元年二月甲寅遣左通政趙居任等使朝鮮賜居任等有差

永樂元年八月癸丑遣官往賜朝鮮安南占城暹羅琉球真臘爪哇西洋蘇門荅剌諸番國王絨錦織金文綺紗羅有差行人呂讓丘智使安南按察副使聞良輔行人甯善使爪哇西洋蘇門荅剌給

事中王哲行人成務使暹羅行人蔣賓興王樞使占城真臘行人邊信劉亢使琉球翰林待詔王延齡行人崔彬使朝鮮人賜紵絲衣一襲鈔二十五錠使朝鮮者加衣一襲及皮裘狐帽

永樂三年統領舟師往古里等國時海寇陳祖義等聚衆於三佛齊國抄掠番商生擒厥魁至五年回還　永樂五年統領舟師往爪哇古里柯枝暹羅等國其國王各以方物珍禽獸貢獻至七年回還　永樂七年統領舟師往前各國道經錫蘭山國其王亞烈若柰兒負固不恭謀害舟師賴神明

顯應知覺遂生擒其王至九年歸獻尋蒙　恩宥
俾復歸國　永樂十二年統領舟師往忽魯謨斯
等國其蘇門荅剌國僞王蘇幹剌寇侵本國其王
遣使赴　闕陳訴請救就率官兵勦捕神功默助
遂生擒僞王至十三年歸獻是年滿剌加國王親
妻子朝貢　永樂十五年統領舟師往西域其忽
魯謨斯國進獅子金錢豹西馬阿丹國進麒麟番
名祖剌法并長角馬哈獸木骨都束國進花福祿
并獅子卜剌哇國進千里駱駝并駝鷄爪哇國古
里國進麋里羔獸各進方物皆古所未聞者及遣

王男王弟捧金葉表文朝貢　永樂十九年統領舟師遣忽魯謨斯等各國使臣久侍京師者悉還本國其各國王貢獻方物視前益加宣德五年仍往諸番開　詔舟師泊于祠下思昔數次皆仗神明護助之功於是勒文於石　見太倉州志

騏按永樂中日本國王源义兩獻所獲海寇朝廷嘉之當其沒也遣中官往祭賜謚恭獻爾時尊事　中國等于琉球則日本亦我　中國之臣子請封請貢奚而不可第有國王在柰何施之于関白名不正則言不順而事不成吾夫子之言雖

之夷狄不可棄也

皇明馭倭録卷之三

兵部車駕清吏司主事臣王士騏纂

洪熙元年

金山衛指揮魏保奏近者倭船泊海岸督軍巡捕後所千戸蕭旻日事酣飲調遣不至又本所城垣烽堠俱不修葺乞治其罪

上諭行在刑部臣曰軍官職在禦侮寇至不應援不可宥即追至罪之又曰一人之言或好惡不出于公俟至必究其情實而後加罪

宣德元年

出京庫弓一萬箭三十萬給山東諸衛軍從備倭
都指揮使衛青奏也

宣德二年

備倭都指揮使衛青奏緣海之地紆回四千餘里
城堡烽堠三百餘所比年近海諸衛官軍累調營
造軍糧今當備倭時月而守瞭者少恐悞事機山
東都司亦奏左軍都督府令徵取軍士餘丁營繕
乏人應役

上命行在兵部臣曰役人能節其力則事亦不誤其

令工部以所役緣海軍士分兩班更代則備倭赴役兩不妨誤餘丁更不必取

宣德四年

福建都司奏倭賊自鎮海衛古雷巡檢司登岸攻圍城池刦傷人民附近銅山千戶所不策應追勦都司把總都指揮僉事洪貴不能嚴兵隄備亦不督兵赴援悉請論罪從之

賞捕倭將士先是浙江海門衛倭寇自蚺嶼亭嶼二港登岸攻城千戶徐恩等率衆敗之寇退走又爲巡海指揮路鐸所敗餘寇狼狽奔走至是上其

功狀命行在禮部議賞禮部請依洪武中捕倭例
陞賞凡陸地殺獲有功者不陞官軍各賞銀二十
兩鈔二十錠今千戶徐忠等宜准此例水路殺獲
有功并獲賊船者陞一級官賞銀五十兩鈔五十
錠軍旗賞銀五十兩指揮路鐸等當准此例但未
獲船不陞宜悉令其家人赴闕關給
上曰賞當如例其遣人賚往給之或于浙江官庫支
給亦便
宣德十年
日本國遣使臣中誓等來朝貢馬及方物賜宴并

賜紵絲紗羅綃布銅錢有差仍命賚敕及白金文
錦紵絲表裏紗羅等物歸賜其國王及妃
嚴私下海捕魚禁時有奏豪頑之徒私造船下海
捕魚者恐引倭寇登岸行在戶部言今海道正欲
隄備宜敕浙江三司諭沿海衛所嚴爲禁約敢有
私捕及故容者悉治其罪從之

正統元年

山東備倭都督僉事衛青有疾命太醫院遣醫上

調治

命行在中軍署都督僉事李福往山東提督備倭

巡按直隸監察御史尹鐙言沿海備倭官軍行糧

於淮安楊州軍儲等倉關運路遠人難請以如皐

塩城二縣該徵稅糧量于本處倉存留備給從之

正統二年

巡撫浙江戶部右侍郎王瀹等奏浙江沿海等處

洪武間量其險易建立衛所備禦倭寇陸置烽墩

水設哨船無事則各守地有警則互相策應是以
海道寧息人民奠安永樂間因調官軍於沈家門
等處設立水寨既而松門等處累被倭寇登刼掠
衛所官軍不敷水寨策應不及致彼得以乘虛而
我軍莫能制勝乞照洪武事例悉免轉輸俾專捍
禦仍令都司每歲令都指揮一員嚴加提督從之

正統四年

巡按浙江監察御史房威奏五月初一日倭賊登
岸犯桃渚千戶所殺虜人民千戶穆晟虛張賊數
掩匿失機而都指揮同知張翥都指揮僉事朱興

巡海御史李奎不能相機追捕反擁兵自衛請皆寘于法爲將來警

上曰晟既失機又敢欺妄其罪之翥等姑勿逮其今從實自陳因敕浙江三司御史及翥等嚴加哨備遇賊互相應援相機勦滅如仍前坐視罪不輕貸

浙江備倭都指揮張翥巡海都指揮朱興監察御李奎指揮程思道俱住俸半年以倭賊肆殺鹵桃渚城翥等不能嚴兵以備故也

命提督備倭官浙江都司都指揮同知張翥提督福建都指揮僉事與凱提督浙江復命南京守備

襄城伯李隆等選都指揮一員提督南直隸沿海
地方先是沿海備倭惟命翥提督至是以地方廣
濶復增命凱等仍戒遇警互相策應勿自分彼此
失悞事機違者罪之
監察御史李奎巡督浙江沿海邊衛而倭賊刼殺
桃渚城巡撫侍郎王瀹奏奎不嚴巡督宜治其罪
奎亦摭取瀹不法數事以聞事下行在戶部請俱
逮法司究治詔令奎等自陳至是奎具陳罪狀
上以奎既服罪姑宥之
正統五年

陞金山衛指揮同知王勝署福建都指揮僉事提督備倭先是巡按監察御史成規等奏備倭都指揮同知張翥近因海道寧息因循懈怠號令不嚴戰守無備以致各寨缺少官軍六千餘人哨船七十餘艘兵器鎧甲亦多損敝及奉命分督福建地方復遷延不赴乞逮治之別選官提督
上命行在都察院詳翥所犯兵部選官代之於是都察院劾翥先求總督直隸浙江福建三方求之不得心懷怨望故兹方命不赴所督地方乞逮至京正其罪兵部奏選勝才堪任用

上命翥赴京自陳陞勝往代之
造浙江海舟時監察御史李奎言洪武間浙江沿
海衛所備倭海舟七百三十艘歲久廢壞止有一
百三十二艘不足備禦事下巡按御史及都布按
二司議奏請先造一百二十六艘寧波府知府鄭
珞又言急未得完恐悞邊警仍命巡撫侍郎周忱
計之忱奏臣詢之匠作云造一海舟必得米千石
則物料百需皆具踰三月可完今各衛所已造七
十六艘其五十艘所費若干官庫物不足給而杭
州府倉見貯米一百四十四萬九千四百餘石歲

計官吏人等取給不過六萬石久則陳腐無用請以新輸米給工匠每舟給九百八十石期三月必完則事易集而人不擾

上是其言命即行之

巡按浙江監察御史李奎等奏平湖縣梁莊倭船易伯宜立寨堡輸撥官軍守備從之

提督福建備倭都指揮同知張翥初坐桃渚城失機諸罪

上每曲宥之翥愈驕肆不奉法巡按御史成規奏其狀行在都察院請寘于法詔翥詣京自陳翥至復

不輸罪于是六科十三道交章劾之
上命三法司鞫問坐失機論斬錮之都察院獄
正統六年
命出直隸蘇州府官廩米二萬石造補倭船
陞南京廣洋衛指揮同知陳暹爲署都指揮僉事
奉敕于浙江備倭
山東備倭署都督僉事李福奏官軍原領弓箭年
久蕪以海霧蒸解膠滲不堪禦敵及神銃硫黃急
欽應用乞于南京內庫支給從之
正統七年

巡按浙江監察御史趙忠等奏臣會同總督備倭
署都指揮僉事陳暹等看得海寧衛百戶羅賢所
言欲將沿海每衛所撥海船一艘官軍百人出海
巡哨誠恐假此爲由出境媒利反誘倭寇入境侵
掠臣等議得觀海定海臨山寧海四衛雖皆近海
然多漲沙倭寇卒難登岸惟定海所屬烈港沈家
門黄溪港正衝要之所乞將四衛并所屬官軍海
船各以其半每三月一交代俱付烈港停泊往來
于沈家門黄溪港及本境海道巡哨并其他衛所
調哨官軍每年俱限正月終出海七月終各還本

衛所屯守庶勞逸相均防守不誤

上從其議

先是山東備倭署都督僉事李福奏即墨三營備倭官軍距各衛所遠者至一二百里其間道多溝渠過夏水長不可渡恐悞策應青登萊三府有漁舟方春而漁及夏則止乞命所司僉漁户舟以渡免其雜徭事下山東三司及巡按御史覆之以爲漁舟有税課不可重役其溝渠淺者不必舟渡惟萊陽縣南五龍河膠州東新河宜令有司出官物造舟付守墩軍操渡

上從之
巡按浙江監察御史李璽等奏倭寇二千餘犯大嵩城殺官軍百人虜三百人糧四千四百餘石軍器無筭守禦指揮蔣鏞等兵備不嚴以致失機總督備倭署都指揮僉事陳暹委官都指揮僉事李貴統船四十艘圍賊于中乃按兵不動縱之逸去按察司僉事陳耘分巡海道朋比不効請正其罪
上曰鏞罪應死姑貸之暹貴令巡海御史鞫實處置兵部同靖遠伯王驥選武職代之
勑總督備倭都指揮使李信及浙江三司巡海御

史等曰朕聞近年逃軍逃民與倭寇交通或被其刼制詢我虛實然後乃敢捨舟登岸殺虜軍民爾等宜從長計議凡海口港汊通賊去處或開濠塹或爲吊橋或城門可併者併之或水邊要害去處砌築垣墻置門出入不許居民臨水開市以誘賊寇及私下海泄漏聲息嚴督旗軍輪流瞭望若失瞭望致賊登岸者必殺不赦若賊登岸令驍勇者從間道燒其舟楫亦足致勝爾等宜博採衆議區畫方畧條奏以聞

命戶部侍郎焦宏往浙江整飭備倭先是浙江三司

奏五月二十二日以後倭寇二千餘人臨爵溪千
戶所城雖被官軍擊却尚潛海島兵部言宜遣大
臣一員往理其事故有是命
勅整飭浙江備倭事戶部侍郎焦宏兼理蘇松沿
海備倭事
命浙江沿海諸衛所運糧官軍悉回原衛所操練備
倭
先是倭賊入浙江大嵩千戶所城總督備倭署都
指揮僉事陳暹委官都指揮僉事李貴及守備指
揮千百戶俱下巡海御史高峻鞫問至是論以失

陷城池各斬且言貴先知有賊不急報各處爲備
指揮沈容因娶妾潛回原衛千户劉濟私採木植
擅離地方情尤重
上命斬貴容濟三人以狗暹等俱枷一百發邊衛充
軍
賞浙江寧波府民鄭道堅等五人絹布各一疋鈔
五百貫以殺倭賊功也
錦衣衛指揮僉事王瑛言八事一禦虜莫善于焼
荒盖虜之所恃者馬馬之所資者草近年焼荒遠
者不過百里近者纔五六十里胡馬來侵半日可

至向者甘肅今者義州屢被擾害良以近地水草
有餘故也乞勅邊將遇秋深率兵約日同出數百
里外縱火焚燒使胡馬無水草可恃如此則在我
雖有一行之勞而一冬坐臥可安矣一積糧莫先
於屯田近年屯田皆取衛所老弱之人是以糧無
所積乞將馬隊守瞭夜不收幷精選奇兵遇警調
用外其餘悉令屯田責其成効俟秋成之後歸伍
操備如此則民力不勞而邊儲有積矣一虜使入
貢朝廷每遣官錫宴賞賚有加但犬豕之性貪
貨利交易物貨稍不足其欲輒凌侮驛夫傷殘市

人朝廷每曲法宥之彼以我爲可欺而恣肆不止乞凡遇虜使非禮凶虐即令其酋長自責罰使知朝廷法度之明如此則中國尊嚴而夷狄知戒矣一邊境士卒終年演習武藝别無獎勸止是視其軍裝有不稱加犒楚致其貧難逃竄者有之乞將陝西山西稅課贓罰量撥甘寧大同等處收買皮鐵筋角以供修造軍器遇總兵官會同較藝果有才勇騎射特出者量加賞賚如此則賞罰明信而三軍鼓勇矣一備倭戰船官軍近年以哨瞭爲名停泊海港竊還其家者有之販鬻私鹽捕魚採薪

者亦有之及倭寇突入孤立無援反爲殺掠乞今
監察御史時加巡視遇有損壞即令脩理如此則
船無朽壞而邊境有備矣一沿海衛所軍士有摘
撥運糧者亦有離遠屯田百里之外者又有本城
倉厫無粮撥往他所關給者遇有警急調度不及
乞自今沿海軍士免令運粮離遠屯田者令附近
城郭屯種倉厫無粮者令有司于秋内發補如此
則屯田不悞倭寇有防矣一沿海衛所官多將軍
士貧弱者守備富壯者後占有官一員占至百人
者又有刁軍畏懼守邊往往挾制官旗不聽調遣

者乞命才幹武臣一員職專提督脩其城郭足其部伍如此則法令歸一人有所屬矣一沿海守備官軍盔甲器械有所損壞乞將所官司贓罰鍜解京庫令都布按三司等官計查脩理物料量給收買監脩給軍操用如此則器械鋒利軍民無擾矣

上命所司計議以聞頗採用之

正統八年

勅廣東按察司按察使郭智曰廣東緣海地方設衛所城堡於要害之處專備倭寇比聞都司衛所官不得其人貪汚暴虐玩法欺公或侵用月粮或

賣放軍士或私下海捕鮮或令營幹家務以致軍伍空缺兵備廢弛臨遇警急何以應用近者浙江桃渚等處爲倭寇攻刼失機官旗俱已梟首示衆實由平日廢弛所致今特命爾整飭緣海備倭軍務爾即同都司巡海官徧歷各衛所地方詢察前弊務從清革凡有當建置者從長審處仍與三司御史公同推舉都指揮或指揮智謀驍勇歷練老成堪任邊務者一人具名來聞令總備倭之事如不勝任連坐舉主爾爲方面風憲重臣素諳邊事宜體朕付托之重持廉秉公恪勤所務必使政脩

舉邊境無虞乃稱爾職

命浙江整飭備倭戶部右侍郎焦宏兼理福建備倭

巡按山東監察御史鄭觀奏登州營備倭官軍八百六十名俱青州等衛撥來而登州衛官軍却撥一百餘名南去即墨營備倭此盖總兵官李福貪賄作弊乞將登州衛官軍存留本衛備倭將青州等衛官軍退還其沿海附近衛所官軍撥與文登即墨二營帶領家小隨住備倭不許更動以爲久計事下山東布按二司會巡按御史覆實言登州文登即墨三營官軍三千九百二人宜令各帶家

小隨營任坐月糧登州營就本府倉文登即墨營
就文登即墨縣倉全關米一石行糧俱住支計筭
一年積出行糧二萬八千餘石不特糧儲省費亦
且軍不被害奸弊可除李所貪取靈山衛銀三十
兩大布一百疋已爲按察司副使鍾祿所劾奏臣
等以山東沿海地方南北二千餘里總兵鎮守備
倭誠爲重任今李福貪賄作弊廢壞軍政倘遇警
急悞事非小
上曰兗換官軍兵部准行李福役占軍人速令改正
其受靈山衛贓物都察院究實以聞

戶部右侍郎焦宏奏浙江緣海衛所地方廣濶海道崎嶇先因備倭都指揮不分守地方遇警互相推托以致誤事臣今會官議得自乍浦至昌國後千戶所一十九處令署都指揮僉事金玉領之自徤跳至蒲門千戶所一十七處令署都指揮僉事蕭華領之其昌國衛當南北之中令總督備倭都指揮使李信居中駐劄往來提督庶責任有歸邊境無患從之

巡按浙江監察御史李璽奏沿海備倭官軍每歲都司按察司各委官提督今海道未寧地方廣遠

宜更委布政司官兼督幷嚴東巡檢司官兵隄備

從之

戶部右侍郎焦宏言海門衛桃渚千戶所城池舊有塘岸障隔海潮歲久柵塌潮水洊浸不堪居住況倭寇竊發艱于防制已會議于臨海縣地名芙蓉村創築城池撥官軍備禦所占官民地一百二十畝有奇應輸稅粮米麥鈔乞爲除豁從之

戶部右侍郎焦宏奏福建備倭都指揮僉事賈忠劉海宜分管地方自福寧至莆禧八衛所屬忠自崇武至玄鍾十衛所屬海其總督備倭署都指揮

僉事王勝則令居中往來提督從之

先是浙江備倭都指揮使李信奏永樂中原于沈家門等處立三水寨合兵聚船以備倭寇海道一向寧息正統二年始掣散水寨各守地方自此海寇益多又况海寧臨山等衛無港泊船遇有儆急拒禦良難乞復舊爲便事下兵部移文侍郎焦宏審實至是宏奏信言非是且定濵海衛所泊船港次以聞從之

先是戶部右侍郎焦宏言浙江及蘇松沿海衛所修造備倭船皆官軍采木經歲未完誠誤急用臣

聞永樂閘徽處等府商販竹木杭州府税課司抽分俟用后止收鈔以故脩船料物皆官錢買用不足復徵諸民民既納粮復加以此實不堪處乞敕該部計議仍令抽分遇有船敝即以所需支給庶民無科擾官得實用事下工部移文巡撫直隸工部右侍郎周忱及浙江三司勘其利否至是報宏言誠便從之

正統九年

增置松江府蔡廟港胡家港二堡摘金山衛屯田官軍六百人分守以備倭寇從知府趙豫等奏請

也

敕諭朝鮮國王李昖曰王嗣國東藩保障邊境克體爾先王事天敬大之心秉恭攄誠久而彌篤肆朝廷加恩眷待不替益隆可謂君臣一心始終靡間者矣王茲復遣陪臣幸引孫等械送擒獲犯邊倭賊失刺沙也門等五十七名來獻足見王尊奉朝命體國安民之意亦以見王守邊得人而有禦暴之功然此賊譎詐狡險狐鼠爲心尚慮殘黨竄伏竊圖報復王自今益宜誡約守邊頭目嚴切隄備遇賊出沒即乘機擒勦仍差人馳報遼總兵等

官防慎務俾賊黨殲滅邊境肅清彼此人民輯寧
惟永庶副朕一視同仁之意遂賜王粧花絨錦段
六織金紵絲麒麟等段四各色紵絲共一十六綵
絹二十令引孫賚去幷賜引孫等宴及絹布有差
廣東按察使郭智奏沿海備倭官軍宜以每月朔
望于小海內駕船操習水戰從之
廣東按察使郭智言海門大鵬等守禦千戶所城
皆低小城上路亦狹隘不便旋折如有不虞豈能
當敵請發附近丁夫增築高廣甃以磚石從之
遼東總兵官都督同知曹義奏朝鮮國報倭賊聲

息

上命緣海備倭官整飭兵備謹慎隄防遇賊近邊相機勦殺但怠慢誤事俱治以重罪

正統十年

敕諭朝鮮國王李祹曰曩者倭賊出沒王境王已生擒失剌沙也門等解京今復獲其餘黨沙彌反剌遣陪臣唐孟賢械送至京益見王忠誠衛國之心良用嘉悅然蠢爾倭寇憑負海島鼠竊狗偷罔有悛心王宜嚴守備以保生民若復寇邊朝廷必命官軍勦滅之或復侵軼王境王宜訓遣將臣擒

其巢穴盡俘其類用寧邊患則王之功烈將匹休于古之賢藩而垂令譽于無窮矣王其欽承之

正統十一年

浙江右叅政高峻奏緣海巡檢司五十餘處皆備倭要地然城多土築卑小而民兵皆衣紙甲乞敕有司甃甎城造鉄甲庶爲久利從之

正統十二年

廣東備倭署都指揮僉事杜信言缺軍守城恐倭寇登岸難于防制請以海南衛崖山守禦千戶所屯軍取回守城以屯田牛具撥民承種事下戶部

言倭寇出沒防備有時屯田法廢使民經涉海洋以給軍餉恐非經久至計本處如果缺軍防守止宜摘撥正軍守城操備仍令餘丁如舊屯種務俾不失原定分數如故違不遵從提督屯田風憲官逮治從之

正統十三年

勅福建備倭署都指揮僉事王勝近命大軍征勦沙尤叛寇盧賊徒計窮潛謀竄海爾等宜嚴加隄備哨探賊情如能相機勦殺一體陞賞

正統十四年

巡按廣東監察御史沈衛奏海賊駕船十餘艘泊
福建鎮海衛玄鍾千戶所攻圍城池官軍射却之
玄鍾地隣湖州恐賊犯境已檄備倭都指揮杜信
等嚴督隄備
總督浙江備倭都指揮使李信奏溫州府平陽縣
地隣福州府福寧縣爲彼賊流刼縣境攻圍蒲門
千戶所守備指揮呂眞等率官軍敵却之
上命兵部移文信及巡海叅政袁錠嚴飭所司相機
撲捕若失陷城池處死不赦
廣東總督備倭署都指揮僉事等官杜信等奏往

者奉命所部沿海衛所專一備倭防賊頃年廣東
都司將南海等衛官軍調去瀧水等地方操守今
又調廣海香山海朗新會東莞大鵬海豐海南各
衛官軍前去瀧水信宜地方征勦恐沿海賊徒聞
知上岸刼掠以何爲備
上曰瀧水與緣海不知何處爲急爾兵部即馳文與
廣東三司及巡按御史酌量賊情緩急以處治之
務在彼此得宜不致誤事
備倭都指揮使翁紹宗言直隷金山太倉鎮海蘇
州楊州高郵淮安大河八衛并守禦青村等千戶

所造青布響甲地土卑溼易壞請如舊造青油鐵甲可以久用從之

山東等處總督備倭永康侯徐安等奏比見倭寇往來海中慮其登岸搶掠即墨縣陰島社請遷其民于陳馬莊居住驗戶丁多寡撥與空閑屯地耕種事下戶部覆奏從之

命浙江都指揮僉事王讜總督官軍備倭代都指揮使李信還司操守

皇明象胥錄 卷之三

三

皇明馭倭錄卷之四

兵部車駕清吏司主事臣王士騏纂

景泰元年

福建備倭都指揮僉事王勝奏沿海二十四衛備倭船歲久多損敝不堪修補其舊有大舟皆四五百料滯重不便行使乞敕都布二司量發工料改造以爲邊備從之

景泰三年

鎮守福建刑部尚書薛希璉等奏今備倭軍船分爲九澳星散勢弱看得烽火門小埕澳南日山浯

澳西門澳五處俱係要地欲將出海官軍船分立五寨哨捕其腹裏衛分出海軍已有行糧四斗沿海軍行糧宜於本衛月糧一石內分出四斗作行糧隨處支給每寨委能幹指揮二員歲一更代把總令後辦課魚船止許四十料已上朝出暮歸裝鹽官船止許三百料以下編成字號每年二月起至八月終許令裝載商鹽各處水寨巡司遇到量撥官軍弓兵護送仍令出海備倭都指揮等官往來巡督庶得邊方無患從之

備倭都指揮使翁紹宗奏崇明沙備倭船樓櫓高

大一泊港渚非大信潮水不得出請改造如浙江
八櫓船輕淺可用從之

景泰四年

鎮守福建右少監戴細保奏清灣巡檢司倭賊登
岸殺傷巡檢葉旺攻進城内刼掠人財其備倭都
指揮僉事楊海王玉俱回家失於提督官軍守備
以致把總指揮千百戸周鼎等亦各不用心覘捕
宜治其罪命巡按御史執問如律

都察院奏福建備倭署都指揮僉事王雄追賊至
東海黑水洋中被賊拘執求免而歸當依例降爲

爲事官立功從之

都察院奏福建都指揮僉事王玉職專備倭不嚴督官軍守備輒私歸致倭賊刼殺人財焚毁官舍宜行巡按御史問罪降爲事官立功從之

日本國王遣使臣允澎及都總通事趙文端等來朝貢馬及方物賜宴并綵幣表裏等物有差

日本國王副使允澎等奏在昔太祖高皇帝頒賜下國天龍寺佛前花瓶二香爐四龜鶴燭臺各一近年被火燒壞今以舊式進呈乞賜臣等賫回祝延

聖壽命工部造與之
禮部奏日本國王有附進物及使臣自進附進物俱例應給直考之宣德八年賜例蘇木硫黃每斤鈔一貫紅銅每斤三百文刀劍每把十貫鎗每條三貫扇每把火筯每雙俱三百文抹金銅銚每箇六貫花硯每箇小帶刀每把印花鹿皮每張俱五百文黒漆泥金灑金嵌螺甸花大小方圓箱盒并香壘等器皿每箇八百文貼金灑金硯匣并硯銅水滴每副二貫折支絹布每鈔一百貫絹一疋五十貫布一疋當時所貢以斤計者硫黃僅二萬二

千蘇木僅一萬六百生紅銅僅四千三百以把計者袞刀僅二腰刀僅三千五十耳今所貢硫黃三十六萬四千四百蘇木一十萬六千生紅銅一十五萬一千有奇袞刀四百一十七腰刀九千四百八十三其餘紙扇箱盒等物比舊俱增數十倍蓋緣舊日獲利而去故今倍數而來若如前例給直除折絹布外其銅錢總二十一萬七千七百三十二貫一百文時值銀二十一萬七千七百三十二兩有奇矣計其貢物時直甚廉給之太厚雖曰厚往薄來然民間供納有限況今北虜及各處進貢

者衆正宜樽節財用議令有司估時直給之已得
旨從議有司言時直紅銅每斤銀六分蘇木大者
銀八分小者銀五分硫黄熟者銀五分生者三分
臣等議蘇木不分大小俱給銀七分硫黄不分生
熟俱五分生紅銅六分共銀三萬四千七百九十
兩直銅錢三萬四千七百九十貫刀劍令每把給
鈔六貫鎗每條二貫抹金銅銚每箇四貫漆器皿
每箇六百文硯匣每副一貫五百文通計折鈔絹
二百二十九疋折鈔布四百五十九疋錢五萬一
百一十八貫其馬二疋如瓦剌下等馬例給紵絲

一疋悉從之
景泰五年
日本國使臣允澎等奏蒙賜本國附搭物件價直
比宣德年間十分之一乞照舊給賞
帝曰遠夷當優待之加銅錢一萬貫允澎等猶以為
少求增賜禮部官劾其無厭命更加絹五百匹布
一千匹
禮部奏日本國使臣允澎等已蒙重賞展轉不行
待以禮而不知恤加以恩而不知感惟肆貪饕略
無忌憚沿途則擾害軍民毆打職官在館則陵楚

館夫不遵禁約似此小夷敢爾傲慢若不嚴加懲治何以懾服諸蕃宜令錦衣衛能幹官員帶領旗校人等示以威福催促起程如仍違拒宜正其罪從之

浙江總督備倭都指揮僉事馬良奏沿海臨山等衛備倭船四百餘隻常年被風漂流損壞者已三之一乞勑有司積材督工補造庶嚴邊備從之

景泰六年

浙江布政使司右參政曹凱言四事一近海備倭民夫乞行鎮守等官體勘若係要衝之處宜給與

盔甲鎗刀就隣近巡司時常操備其不係要衝者革罷一　沿海備倭船乞於沈家門等處仍立水寨委廉能都指揮分定地方往來巡哨一都指揮并各衛所指揮千百戶等官徐鑑等共八百六十七人役使辦納月錢種田等項軍餘共四千五百八十人乞行該部禁約一　盤石等衛蒲岐等千戶所逃故軍人一百七十人原籍府縣不行依例清勾却以異姓軍人補役紀錄冒名支糧乞行清理庶免紊亂軍政

帝命鎮守浙江兵部尚書孫原貞等斟酌可否行之

天順二年

勑責備倭中軍都督府都督僉事翁紹宗曰嘉興乍浦河泊所歲進黃魚係舊制近年以來因爾不許漁船越境出海又令官軍擒拏以致不得採捕遂缺供薦先已取爾招服爾宜自咎遵奉朝命省令所轄官司毋得阻滯顧乃全不關心今歲漁船又被攔截索錢不得採捕及船戶具告前情自知阻誤虛詞妄奏遮掩已過朝廷託爾以邊方重寄當輸忠效勤正己率人爾乃恣意貪黷不才怠慢論法實難容恕今復從寬且不拏問罰俸一年令

爾自省若再怙然不改阻誤歲進自取禍敗決不
可逃

天順三年

勑朝鮮國王李瑈該本部奏稱得王咨有日本國差人盧圓等到國言國王源義政以先差去進貢使人失禮蒙朝廷恩宥放回將本人科罪今欲差人赴京謝罪緣日本國僻在海隅去京路遠其情真僞難以遙度勑至王卽拘盧圓等詳審前項傳說如果真實無僞轉行源義政說朝廷以爾旣能悔過自新准令擇遣謹厚老成識達大體者爲使

一來朝貢往來中途不許生事若或似前搶掠財物欺凌官府罪必不宥王其審實停當而行毋得忽畧

禁浙江并直隷縁海衛軍民不許私造大船糾集人衆携軍器下海為盜敢有違者正犯處以極刑家屬發戍邊衛從備倭揚州等處都督僉事翁紹宗奏請也

巡按福建監察御史彭彬劾奏把總備倭都指揮僉事桂福不嚴備禦以致倭賊擄掠官船僉事牟俸亦劾福掊剋軍士都察院請逮治福

上命福且狀以聞福輸罪宥之

成化四年

日本國王源義政遣使臣清啓等奉表來朝貢馬

及　扇盔甲刀劍等物

日本國使臣麻答二郎於市買物使酒手刃傷人

禮部奏其強横行兇宜加懲治

上以遠夷免下獄付其國正使清啓治之啓奏欲依

臣俗事例處治但在禮義之地不敢妄爲俟臣還

國依法治之且引伏不不能束罪

上皆宥之既而所傷者死禮部復奏麻答二郎行

兇傷人致死雖免問罪宜依律追銀十兩給死者之家埋葬仍省諭各夷使知朝廷寬宥懷柔之意

從之

成化五年

禮部奏日本國所貢刀劍之屬例以錢絹酬其直自來皆酌時宜以增損其數况近時錢鈔價直貴賤相遠今會議所償之銀以兩計之已至三萬八千有餘不爲不多矣而使臣清啓猶援例爭論不已是則雖傾府庫之貯亦難滿其谿壑之欲矣宜裁節以抑其貪

上是之仍令通事諭之使勿復然
日本國使臣清啓等將還賜宴及金織衣等物有
差其回賜特賜國王源義政綵段二十表裏紗羅
各二十匹錦四段白金二百兩王妃綵段十表裏
紗羅各八匹錦二段白金一兩并勑諭俱付清啓
啓等領回復遣官伴送設饌待之出境勑諭國王
源義政曰惟王聰明賢達敬天事大以福一國之
人良用爾嘉朕恭承
天命嗣登大寶主宰華夷王特遣正使清啓等齎捧
表文并以馬匹方物來貢具見王之勤誠茲因使

回特令齎　諭王并賜王及王妃其體朕至懷故

諭

日本國使臣清啓船凡三號其一號二號俱已回還其三號船土官玄樹等奏稱海上遭風喪失方物乞如數給價回國庶王不見其罪事下禮部言四夷朝貢到京有物則有償有貢則有賞若殉其請給價恐來者倣效捏故希求查無舊例難以准

給

上曰方物喪失本難憑信但其國王效順可特賜王絹一百匹綵段十表裏既而玄樹又奏乞賜銅錢

五千貫禮部復執奏不與且欲治其通事閻宗達
教誘之罪宗達本浙江奉化縣人先年負義逃入
海島今隨使來朝
上曰玄樹准再與銅錢五百貫速遣之去宗達不必
究治若再反復族其原籍親屬
浙江定海衛副千戶王鎧言倭夷奸譎時來剽掠
海邊見軍官追捕乃陽爲入貢伺虛則掩襲邊境
往者大嵩常被其毒近見使臣清啓入貢臣恐使
回容有異謀或爲掩襲之計乞勑鎮守總督巡海
等官設策防禦之兵部因言邇者倭使清啓凌轢

館䗫残殺市人迹實桀驁鎧言誠當宜移文備倭
巡海等官令督緣邊官軍務振軍容嚴斤堠以防
其姦從之

成化六年

日本國使臣入貢還至寧波府航海以去有僧盛
訓潜登岸欲留中國學經浙江備倭都指揮張勇
等奏送至京禮部以勇等不先聞奏請治其罪
上令自陳旣而勇等伏罪宥之

成化十三年

日本國遣正副使妙茂等來朝貢馬及方物賜宴

并金襴袈裟綵段等物仍令齎勑及白金錦段回
賜其國王及妃妙茂又以國王意求佛祖統紀等
書命以法苑珠林與之
錦衣衛奏朵顏等衛并日本國差來使臣於會同
館爭奪柴薪日本從人歐朵顏夷人事聞
上命禮部曉諭各夷宜遵守禮法毋相爭競
弘治九年
日本國王源義高遣正副使壽蓂等來貢回賜王
及王妃錦段白金等物賜壽蓂等宴併綵段等物
如例

禮部奏日本國遣使入貢至濟寧州夷衆有持刃殺人者其正副使壽蓂等不能約束乞賜裁抑

上命今後日本國進貢使臣止許起送五十人來京餘存留浙江館穀者嚴爲防禁

弘治十二年

福建備倭官軍快哨船爲海賊所奪者二艘軍士爲所掠者十八人仍索取金物爲贖命罸帶管巡海副使韓紹宗備倭都指揮郭英俸各三月把總等官張宏等下巡按監察御史逮問

弘治十三年

命福建備倭把總指揮五年一更總督巡海官三月一次出巡互相更代并行遼東等處從鎮守太監鄧原奏也

弘治十八年

巡撫應天等府都御史魏紳等奏上處置海道事宜謂海洋之民習性貪悍好鬬輕生中間爲盜之徒多起於爭如崇明縣半洋錢營等沙東漲西坍無歲無之舊坍者多是有粮之地新漲者盡歸於有功之家以致貧弱陪粮富豪專利始有讐訟終則刼奪習染成風遂至嘯聚臣欲於附近府分委

官檢閱如其處先有而今掛其處先無而今掛其處先無而今漲必彼此通融務使田糧相稱與奪適均脱有强梗覇占不服處分者官調邊衛帶俸差操旗軍舍餘發邊衛充軍民發口外爲民其沿海衛分本爲備倭捕盜而設貼守之處歲以二月往十月還今倭寇不復敢侵而沿海盜賊多發於冬春之月正以乘其不備故也况附近衛所官子弟家人多賊黨與假名公差陰實爲盜其崇明一縣海勢渺茫雖有備禦官兵然每遇盜賊輒相推避請行備倭都指揮王憲會捕盜僉事胡瀛將沿

海衛所官軍舍餘通行揀選定立陸戰水戰機宜以時操練及將貼守官軍照依京操事例每年分作春秋兩班行糧照例支給務使海寇倭寇兩不失備仍各限以地界脫有疎失查照量治仍禁衛所官不得縱容子弟家人從賊爲非違者將犯人從重問遣本官改調西北邊衛帶棒差操

上從之命嚴督備委捕盜等官宜各悉心整理毋或虛應故事

正德四年

禮部奏明年正月大祀慶成宴四夷朝貢者若朝

鮮陪臣在殿東第七班今日本國使臣見在無與
宴故事宜如朝鮮例列殿西第七班從之
禮部奏日本國進貢方物例三船今止一船所賞
銀幣宜節爲三之一且無表文止咨本部賜勑與
否請
上裁得旨勿寫勑所司移文答之
正德五年
日本國王源義澄遣使臣宋素卿來貢賜宴給賞
有差素卿私餽瑾黃金千兩得賜飛魚服陪臣賜
飛魚前所未有也

日本國使臣宋素卿本名朱縞浙江鄞縣人弘治間潛隨日本使臣湯四五郎逃去國王寵愛之納爲壻官至綱司易今名至是充正使來貢族人尚識其狀貌每伺隙以私語通素卿輒以金銀餽之鄉人發其事守臣以聞下禮部議素卿以中國之民潛從外夷法當究治但既爲使臣若拘留禁制恐失外夷來貢之心致生他隙宜宣諭德威遣之還國若素卿在彼反覆生事當族誅之仍行鎮巡等官以後進貢夷使宜詳如譯審毋致前弊從之

正德七年

日本國王源義澄遣使貢馬匹盔鎧大刀諸方物
浙江守臣奏今山東直隸盜賊充斥恐夷使遇之
爲所得請以所貢暫貯布政司庫收其表文禮兵
二部會議請勑南京守備官即所在如例宴賞遣
回從之仍令附進方物亦給全價毋阻遠人效順
之意

正德十三年

建信國公湯和廟于浙江定海縣巡按御史成英
言和在國初守備寧波築城增戍經理周悉至今
倭不敢犯民物莫安皆其功也乞立廟致祭禮部

議覆故有是命

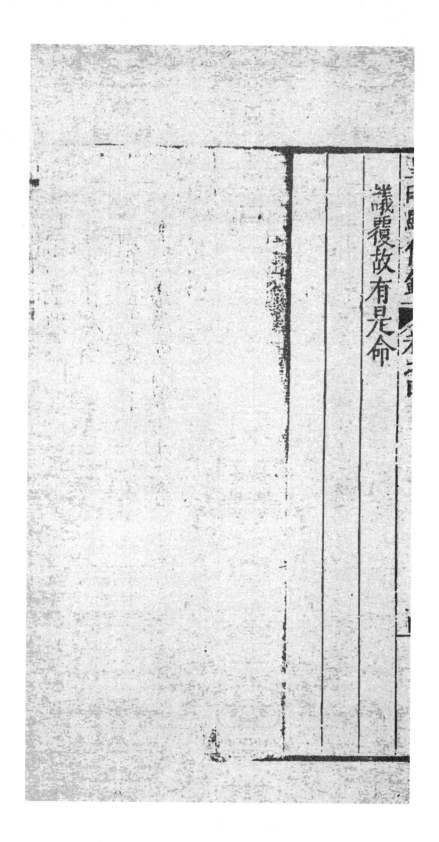

附全四册目録

皇明馭倭録（一）
序
卷之一
卷之二
卷之三
卷之四
皇明馭倭録（二）
卷之五
卷之六
皇明馭倭録（三）
卷之七
皇明馭倭録（四）
卷之八
卷之九
附略卷之一
附略卷之二
寄語略